별난 대표의
경영일지

평범한 연구원에서
세계적인 강소기업을 일구기까지

별난 대표의
경영일지

한동빈 지음

새라의숲
SAERA FOREST

차례

3장 Sympathy Leadership
함께 걸어야 멀리 간다

4장 Challenging Action
새로운 도전을 준비하라

다시 시작이다

유럽 출장길에서 과거와 조우하다

2023년 3월, 2년마다 개최되는 세계 최대 규모의 국제 치과 쇼IDS: International Dental Show 참석과 업체 미팅을 하기 위해 유럽 출장길에 올랐다.

코로나19 팬데믹이 점차 수그러들면서 멈춰 섰던 세상은 점차 활기를 되찾아가고 있다. 코로나 기간 중 가장 먼저 떠오른 것은 오스트리아와 독일의 주요 고객사들이었다. 매년 11월경이면 이듬해 연간 물량 주문이 시작되는데, 2019년 11월에도 이듬해의 연간 주문 물량이 접수되었다. 하지만 2020년 코로나19 팬데믹이 전 세계로 퍼져나가면서 유럽으로 가는 길이 폐쇄

되었다. 매년 두세 번씩 유럽 고객사를 찾아가는 출장이 불가능해진 것이다.

코로나 사태가 심각해지자 약속했던 주문량도 보류되어 회사가 경영 위기를 겪었던 시기가 떠올랐다. 그 무렵은 거의 대부분의 기업이 어려웠다. 다행히 2020년 말부터 물류 길이 조심스럽게 열리면서 우리 회사도 거래가 아주 조금씩 이루어졌고, 위기에서 점차 벗어날 수 있었다.

(주)위너테크놀로지(이하 위너테크놀로지로 표기)의 고부가가치를 창출해주는 주요 제품들 중 하나인 1,900도용 초고온 발열체 세라믹 히터는 세라믹으로 만드는 인공 치아 제조에 사용되는 전기로의 핵심 부품이므로 치의학계에서 없어서는 안 될 소모품이다. 전기저항 히터와 열처리 설비의 구성 전기 부품(변압기, 컨트롤러 등) 간의 호환성이 유지되어야 한다는 특성이 있다. 따라서 쓰던 히터를 갑자기 다른 회사의 제품으로 교체하기는 쉽지 않다. 즉 한번 선택한 제품은 지속적으로 사용할 가능성이 큰 덕분에 한번 고객은 평생 고객이 될 가능성이 높다. 물론 좋은 품질, 납기일 준수, 경쟁력 있는 가격이라는 더 큰 장점을 갖추고 있다면 금상첨화이다.

2022년 10월, 코로나19 팬데믹 이후 처음으로 유럽의 주요 고객사를 찾아갔을 때 우리는 모두 세계를 엄습했던 전염병을 무탈하게 넘긴 동지라도 된 듯 기쁜 표정으로 인사를 나누었다. 그리고 코로나 위기 극복을 축하라도 하듯 그들은 올해 주문량을 늘려주었다.

2023년 이른 봄, 다시금 임직원들과 함께 비행기에 탑승했다. 언제나 그러하듯 그날도 프랑크푸르트에 도착해 자동차로 유럽 업체들을 순회하는 일정이었다. 유럽행 비행기의 비즈니스 좌석에는 임원들과 몇 해 전 입사한 생산직 사원까지 다섯 명이 착석했다.

우리 중 해외 출장이 처음인 막내 사원은 탑승권에 찍힌 비즈니스 클래스 좌석 번호가 믿기지 않는다는 듯 뚫어져라 쳐다보았다. 기내 탑승을 도와주는 스튜어디스가 지나가는 것도 신기했는지 회사에서는 보기 어려웠던 함박웃음을 지으며 주변을 둘러보느라 바빴다.

얼마 후 이륙한다는 기내 방송에 이어 굉음을 내며 비행기가 창공을 향해 쏜살같이 날아올랐다. 곧 안정된 고도에 오르자 기장의 안내 방송이 흘러나왔다.

그 이후 인천공항에서부터 시작된 막내 사원의 셀카 놀이는 기내에서도 계속되었다. '신기한' 출장 체험기를 한 컷이라도 놓칠 수 없다며 스마트폰에서 눈을 떼지 않았다. 나는 '아빠 미소'를 띠며 창밖으로 시선을 돌렸다. 구름 위에 둥실 떠 있는 듯한 비행기는 조용하게 기류를 타고 있었다.

올해 위너테크놀로지는 설립한 지 26년이 되었다. 참으로 다사다난했던 시간이었다. 그동안의 기억이 구름을 타고 주마등처럼 흘러갔다. 1997년 창업을 결심하고 인천 남동공단으로 저렴한 창고를 보러 다녔던 때가 떠올랐다. 누군가는 그랬다.

"멀쩡한 대기업 연구원을 그만두고 무엇 때문에 어려운 길을 선택하는 거냐?"

"왜 고생을 사서 하려고 그러냐?"

맞는 말이다. 1987년에 설립된 포항산업과학연구원RIST: Research Institute of Industrial Science & Technology에 박사 연구원으로 1990년 4월에 부임해 프로젝트 진행을 맡아 안정된 삶을 누리며 남부러울 것 없이 살던 내가 초고온 세라믹 히터를 국산화하겠다는 명분 하나에 꽂혀 창업을 하기 위해 뛰쳐나왔으니 말이다.

솔직히 국위선양을 해보겠다는 대단한 각오로 내린 결정은 아니었다. 발단은 사소한 일에서 비롯되었다. 당시 우리나라는 40여 년 넘게 초고온 히터를 스웨덴의 K사로부터 전량 수입해서 사용하고 있었다. K사는 초고온 발열체 부분에서는 '넘사벽'

기술을 가진 회사였다. 빅테크 기업처럼 대중에게 널리 알려진 회사는 아니었지만 이른바 소부장(소재 부품 장비) 업계에서, 특히 초고온 세라믹 발열체 부분에서는 블루오션을 독차지하고 있는 기업이었다.

RIST 연구원 시절, 스웨덴의 K사에서 구입한 세라믹 발열체에 문제가 생기면 AS를 받기가 여간 어려운 게 아니었다. 일단 판매하고 나면 그들은 거의 대부분 나 몰라라 하는 식이었다. 그 회사가 북유럽이라는, 우리나라에서 너무나 멀리 떨어진 곳에 있다는 것도 문제였다. 결국 울며 겨자 먹는 심정으로 문제가 발생한 부품을 새것으로 재구매할 수밖에 없었다.

돌이켜보면 내가 창업을 결심하게 된 것은 순전히 K사의 불성실한 서비스가 큰 몫을 했다. 아이러니하게도 불만족스러운 고객 대응 자세가 창업에 대한 자극을 불러일으키게 된 것이다.

초고온 세라믹 발열체 분야에서 핵심 기술을 보유하고 있던 K사는 굳이 고객들을 찾아다니면서 제품을 판매하지 않아도 되는 경지에 이르렀고, 분명히 을의 입장이었음에도 불구하고 고객들에 대한 '갑질'을 당연한 일로 여기곤 했다. 나는 정도를 넘어선 그들의 행태에 분노했고, 그들에게 한국인의 그 무언가를 보여주고 싶었다.

고심 끝에 남들이 넘보지 못하는 기술력을 바탕으로 제품을 만들 수 있다면 판매처를 확보하는 데 큰 어려움이 없을 것이라는 판단이 섰고, 더 나아가 고정적인 판매처를 확보한다면 안정적으로 회사를 운영할 수 있겠다는 연구원적인 결론에 이르렀다.

이론적으로는 적절한 판단이었지만, 이론과 실제는 다르다는 사실을 더 심도 있게 생각하지 못했다. 무無에서 유有를 창조해 내는 과정은 말 그대로 가시밭길이나 다름없었기 때문이다. 많은 연구 기관의 실적이 사업화로 이어지지 못하는 것도 이런 현실을 인지하지 못하는 연구 개발에서 기인한다.

나는 태어나서 그때까지 경제적으로 크게 어려운 상황에 놓인 적이 없었다. 고위 공직자였던 아버지와 사업을 하던 어머니 덕분에 대단한 부잣집은 아니었지만 어렵지 않은 환경에서 성장할 수 있었던 것이다.

경제적인 어려움을 한 번도 겪어보지 않은 탓에 나는 창업해서 안정적인 궤도에 오르기까지 얼마나 숨 가쁘게 달려야 하는지, 어떤 문제 때문에 자존심을 굽혀야 하는지, 돈이 없으면 얼마나 설움을 받는지에 대해 아무것도 몰랐다. 그리고 앞으로 내가 맞서야 할 거센 비바람과 파도는 생각지도 못한 채 인생 2막을 시작하게 되었다.

창업에서 가장 쉬운 것이 회사 설립이라고 했던가! 1997년 1월 회사를 창업했을 때에는 RIST 연구원으로 있으면서 주말마다 회사 운영을 점검하곤 했다. 당시는 단지 발열체를 연구 개발하던 때라 지속되는 실험을 통해 결과를 얻고, 다시 개선 연구만 하고 있어서 겸업이 가능했다.

얼마 지나지 않아 위기가 숨 돌릴 틈도 없이 잇따라 몰려왔다. 쉽게 만들어질 것이라고 기대했던 제품 개발은 더디기만 했고, 직원들의 근무 태도는 믿을 수 없을 정도로 안일하고 불성실해 보였다.

1999년 9월, 결국 RIST를 그만두었다. 국내에서 처음 개발하는 제품이다 보니 경력자를 구하기도 어려웠고(아니, 아예 구할 수 없었다는 말이 맞으리라), 나 역시 연구 개발만 하는 연구원이었던 탓에 제품 개발 이후 양산화까지는 힘들고 새로운 도전이었다. RIST에서 받은 퇴직금은 3개월 만에 바닥이 났다. 직원들의 월급을 챙겨주는 것마저도 빠듯했다. 부족한 운영비는 정부기관의 연구 과제를 신청해 메워나갔다.

처음으로 제품이 나오자, 나는 그것을 들고 지인 찬스를 써보겠다고 선후배가 있는 대학과 연구소를 찾아다니며 영업을 했다.

그러나 그 결과는 참담했다.

"이거 제대로 발열이 되지 않는데?"

"쓰려고 보니 깨져 있어!"

이런 말에 나는 너무나 무안해서 얼굴이 화끈거렸고 쥐구멍이라도 찾고 싶었다. 그때 연구 개발뿐만 아니라 양산화에 대한 경험이 얼마나 중요한지 알게 되었다. 특히 중소기업일수록 자신의 기술력을 확보하기까지 연구 개발은 물론 사업화에 대한 투자를 늦춰서는 안 된다는 사실도 깨닫게 되었다. 그 과정에서 빚은 점점 늘어갔다. 하지만 멈추지 않았다. 아니, 멈출 수 없었다. 거기서 멈추면 내 인생이 나락으로 떨어질 것 같은 예감이 들었기 때문이다.

'그래도 명색이 재료공학 박사인데, 이 제품을 국산화하지 못한다면 이건 내 자존심 문제야.'

내 안에서 누군가 나를 일으켜 세우는 것 같았다. 다시 시작했다. 그리고 초고온 세라믹 발열체의 가장 기본인 1,700도용 제품이 안정화되는 과정을 거쳐 2001년에는 일본 수출 길을 모색했다. 마침 박람회가 코앞이었고, 그 박람회에 참가해서 우리 제품을 홍보하는 것이 효과적일 듯했다. 그러다가 지금까지 인연이 이어지게 된 은인 우시다 사장을 만나게 되었다. 그는 전기로 열처리를 하던 회사인 교에이덴키共榮電氣의 대표였다.

우시다 사장 덕분에 일본의 초고온 발열체 히터 시장에 대해 알게 되었다. 그 당시 우리는 대형 히터를 만들 수 없었기에 소형 전기로 낮은 온도에서 작동하는 연구소 실험용으로만 공급할 수 있었다. 소액이지만 일본 수출을 시작으로 초고온 발열체 히터를 만들기 위해 품질개선은 물론 다시 연구 개발에 몰두했다. 정부의 연구 과제도 3년이라는 장기적인 기획에 도전했고, 국산화를 위한 연구 과제이기에 여러 번 정부 사업으로 선정되었다.

우시다 사장의 격려와 더불어 일본 내에서 위너테크놀로지의 인지도가 올라가면서 우리 회사의 성실함과 제품의 품질에 대한 신뢰도는 점점 높아졌다. 신제품 개발도 이어졌다. 1,800도와 1,900도에도 작동하는 히터를 잇따라 개발하고 또 안정화되면서, 우리는 치의학 관련 제품을 선보이는 독일 쾰른 전시회를 주목하고 시장조사를 시작했다. 유럽에 있는 세계 최고의 회사는 그때 시장조사의 결과로 알게 된 성과이다. 지금 우리 회사의 주요 고객은 모두 쾰른 치과 쇼에서 만난 고객들로 10여 년 이상 거래해온 기업들이다. 처음에는 차 한잔 마시기도 어려울 정도로 쌀쌀하게 응대해주었던 그들이 이제는 혹시라도 우리가 제품을 원활히 공급하지 않거나 제품 가격을 올릴까 봐 되레 우리의 눈치를 볼 정도로 상황은 반전되었다.

그렇게 믿고 맡겨주는 해외 고객사들 덕분에, 5년 전부터는 회사가 어느 정도 안정적인 궤도에 안착했다는 생각이 들었다. 결과적으로 국내 시장 대신 해외 시장 공략을 선택한 나의 판단은 옳았고, 그 결정으로 인해 이제 풍성한 열매를 얻게 되었다는 생각에 안도의 한숨을 쉴 수 있게 되었다.

그 사이에 나는 경영자로서 시험대에 올랐고, 내가 판단한 기준이 아주 적절했다는 생각이 들었다. 가장 중요한 것 중 하나는 직원들이 자신감을 갖고 업무를 볼 수 있는 분위기가 조성된 것이었다.

직원들이 자부심을 느끼며 회사를 다닐 수 있도록 한 데에는 복리후생이 큰 역할을 했다고 생각한다. 우리 회사에서는 대표뿐 아니라 임직원 모두 장거리 해외 출장을 갈 때면 비즈니스 좌석으로 이동하며 대표와 함께 움직인다. 창업 당시부터 임직원 자녀들의 대학 학자금은 물론 직원들의 대학 및 대학원 진학도 격려하며 그들의 학자금까지 회사에서 지원한다. 그 덕분인지 우리 회사는 이직률이 상당히 낮은 편이다.

이제 위너테크놀로지는 단일 품목으로 해외 수출 300만 달러 이상을 기록하는 부품 소재 강소기업이 되었다. 밀레니엄을 몇 년 앞둔 26년 전 '초고온 세라믹 히터 소재 부품의 국산화'라는 단 하나의 미션만 생각하며 창업한 그때를 돌이켜보면 감회가 새롭다. 대단한 일을 해낸 것 같은 자부심도 느낀다. 50년 이상 수입에 의존했던 부품을 이제는 세계 선진국으로 수출하는 쾌거를 이루어냈기 때문이다.

미래 세대를 위한 안내자로서의 비전

5년 전 나에게 다시 새로운 미션이 생겼다. 예순이 다 된 적지 않은 나이지만 미래 세대를 위해 아직 할 일이 남아 있다는 생각이 문득 들었기 때문이다. 그들을 위해 할 수 있는 일이 무엇일까 고민하면서 내가 걸어왔던 일을 반추해보았다.

나는 위너테크놀로지만의 독자적인 기술을 개발하고, 국산화는 물론 수출까지 해내는 성과를 거두었다. 이러한 일련의 과정을 거치면서 우리나라를 탄탄하게 성장시키기 위해서는 기술을 기반으로 한 강소기업이 많아져야 한다는 믿음도 강해졌다. 자신만의 기술을 개발해 확보하고 이를 바탕으로 세계 시장에서 인정받는 기업이 바로 강소기업이다.

또한 매출보다는 영업이익에 중점을 두는 내실 있는 기업이 많아져야 할 것이다. 매출 성장도 중요하지만 지금은 사업의 지속성에 더 심혈을 기울여야 할 때라고 생각하기 때문이다. 그래서 창업에 대해 가르침을 줄 기회가 있을 때마다 나는 그 점을 강조한다.

그런데 어떻게 미래 세대에게 다가가야 할 것인가?

오랫동안의 고민 끝에 내린 결론은 바로 '코칭'이었다. 한 분야의 전문가가 해당 분야의 선배로서 조언하고 가르치는 멘토링이나 해결책을 제공하는 컨설팅과는 달리, 코칭은 격려와 긍정의 에너지를 전달해 상대방이 스스로 문제를 해결해나갈 수 있도록 돕는 것이다.

나는 그런 코칭의 개념에 매력을 느꼈고, 바로 실천에 옮겨 코칭에 대해 공부하기 시작했다. 국내 자격증은 물론 국제 자격증 취득을 위해 주말이면 다시 책을 펼쳐 들게 되었다.

코칭의 과정도 쉽지는 않을 것이다. 하지만 미래 세대가 자신의 장점을 발견하고 이를 극대화하기 위해 단점을 보완하는 과정에서 앞선 세대의 조언은 매우 중요하다고 생각한다. 또한 그들이 혼자가 아니라는 것을 느끼고 스스로 대안을 찾아낼 때까지 기다리며 도와주는 것은 앞선 세대가 당연히 해야 할 일이라고 믿는다.

그것이 바로 내가 이 책을 쓰게 된 계기가 되었다. 사반세기라는 짧지 않은 시간 동안 겪었던 고난과 기쁨, 그리고 그 과정에서 알게 된 문제 해결 능력을 그들과 함께 나누기 위해서이다.

1장에서는 창업을 하게 된 과정을 소개한다. RIST의 연구원으로 안정적인 삶을 영위하는 한편으로 창업에 관심을 기울이고 도전장을 내밀게 된 계기에 대해 이야기하고, 2장에서는 제품을 개발하면서 겪은 고난의 시기를 비롯해 세계 시장으로 눈을 돌린 이유를 설명한다.

3장에서는 직원들과 함께 가는 회사를 어떻게 만들었는지에 대해서 이야기한다. 믿음과 배려로 대했을 때 그들은 반드시 회사에 도움이 되는 인재로 성장한다는 사실을 깨닫게 된 계기를 에피소드를 통해 풀어나간다. 4장에서는 어떻게 인생 후반부를 준비할 것인가를 고민하다가 발견한 코칭과 그에 대한 새로운 도전을 소개한다.

나는 이 땅에서 오늘을 살아가고 있는 지극히 평범한 사람이다. 하지만 주체적인 '나'로서 살아가야 한다는 강한 신념을 가지고 있다. 그리고 근면하고 성실한 자세로 최선을 다해 살아왔다. 그 과정에서 창업을 하고, 위너테크놀로지를 안정적인 위치에 올려놓았다. 대표가 없어도 회사는 오늘도 잘 돌아가고 있다.

이제 후배들에게 전하고 싶다. "나도 성공했는데, 너는 왜 못 하겠니?" 같은 뻔한 메시지가 아니라, 질문을 통한 깨달음을 주고 싶다.

"당신이 생각하는 진정한 사업은 어떤 것인가?"

"당신은 어떤 존재가 되고 싶은가?"

1800년대 미국에서 철도 산업으로 큰돈을 번 릴랜드 스탠퍼드가 1891년에 설립한 미국의 명문 스탠퍼드 대학교를 대부분 알고 있을 것이다. 스탠퍼드 대학교는 설립 초기부터 창업을 독려하는 분위기였고, 그것이 학교의 모토가 되었다. 그 덕분에 지금의 실리콘밸리가 형성되었다고 해도 과언이 아니다. 릴랜드 스탠퍼드를 중심으로 한 자본가들의 비전은 곧 미국을 세계적인 국가로 만드는 데 기틀이 되었다.

우리나라에도 창업을 꿈꾸는 청년들이 많다. 정부와 대학교에서도 창업을 독려하는 분위기이다. 하지만 아직 개선해야 할 점이 적지 않다. 창업만 독려할 뿐 그 과정이 성공으로 이어지기 힘든 구조라는 것이 가장 큰 문제이다.

창업을 꿈꾸는, 혹은 창업한 청년들을 성공으로 이끌 확실한 지원 정책이 필요하다. 그렇다고 해서 무턱대고 도와줘서는 안 된다. 함부로 가르치려 들어서도 안 된다. 그들이 스스로 대안을 찾아내고, 그 대안이 해법이 될 수 있는지 점검할 수 있도록 기다려주는 인내심도 필요하다. 그리고 그들이 위기에 직면할 때나 좌절감을 느낄 때면 자신감을 잃지 않도록, 문제를 직시하고 해결할 수 있도록, 그리하여 위기를 극복할 수 있도록 격려하고 지켜봐주는 조언자도 필요하다. 그것이 바로 우리가 해야 할 일이자 우리에게 맡겨진 역할이다.

지금은 과거 세대가 미래 세대를 위해 나서야 할 때이다. 이제 그들이 미래이고 주인공이기 때문이다.

미래 세대에게 응원의 박수를 보내며
2023년 8월 평택에서

한동빈

Thinking
Action

1장

왜 스웨덴은 되고, 한국은 안 되는 걸까

안정적인 길 대신 나는 가시밭길을 선택했다.
퇴직금을 포함해 거의 대부분의 재산을 창업에 쏟아붓고
미래를 알 수 없는 안개 속에 가려진 나의 꿈을 선택했다.

자리에 안주한다면 변화는 없다

인생 최초이자 최고의 일자리 RIST

1990년 3월 1일, 서울에서 나고 자란 서울 토박이인 나는 호랑이의 꼬리에 해당하는 한반도 호미곶이 있는 포항으로 삶의 터전을 옮겼다. 미국에서 박사과정이 채 끝나기도 전에 포항산업과학연구원RIST에서 러브콜을 받은 것이다.

대한민국의 산업을 일으켜 세운 주역인 포항제철은 1987년 당시 박태준 회장의 지시하에 번듯한 소재 공정 관련 전문 연구소를 운영하기 위해 수년에 걸쳐 엄청난 자금을 투자함으로써 자재와 설비를 갖추었다.

그러나 포항에 위치한 탓에 우수한 인재를 구하기가 쉽지 않왔다. 아무리 월급이 많고 온갖 혜택을 누릴 수 있다고 해도 서울에서 멀리 떨어진 곳에 있는 직장을 선택하려는 사람은 거의 없던 시절이었다. 무엇보다 그때는 박사학위를 마치면 으레 대학 강단으로 가던 시절이기도 했다.

지금은 국가균형발전 정책을 통해 잘사는 지역이 많아졌고, 지속가능한 발전을 도모해 개성적이고 매력적인 도시들로 거듭나고 있지만, 여전히 정치·경제·교육·문화 인프라는 서울과 경기도권에 집중되어 있는 상황이다. 그러니 30여 년 전은 오죽했겠는가.

미국에서 학회에 참석하고 있던 어느 날, RIST에서 왔다며 한 사람이 나에게 명함을 건네주었다. 그는 당시 RIST의 부원장으로, 미국까지 찾아와 RIST 연구소의 위상을 설명하면서 내가 그곳에서 어떤 역할을 할 수 있고, 또 어떤 연구를 할 수 있는지에 대해서 자세하게 이야기하는 것이었다.

박사학위를 끝내지도 않은 나를 찾아와 간곡히 설명하는 그의 모습이 의아스러우면서도 다른 한편으로는 감동적으로 느껴졌다. 박사학위를 받고 한국으로 돌아갈 생각이었던 나는 RIST의 제안에 마음이 끌렸다.

'서울이 아니면 어때? 어디에서든 내 할 일만 잘하면 되는 거

아닌가!'

나는 RIST의 제안을 받아들였다.

스물아홉 살이라는 그다지 많지 않은 나이에 박사학위를 끝내고 RIST에서 연구 업무를 하게 된 나는 몇 년 만에 편안한 삶을 누릴 수 있었다. 남의 나라 땅에서 친숙하지 않은 언어로 공부만 하며 지내온 시간을 한꺼번에 보상받는 느낌이었다.

일단 실력을 인정받은 데다 원하는 연구를 마음껏 할 수 있는 안정적이고 탄탄한 직장이었던 까닭에 직장 생활이 즐겁지 않을 수 없었다. 안락한 일상이 보장되었던 것이다. 돌이켜보면 연구원으로 누릴 수 있는 거의 모든 것을 누렸던 것 같다. 구속 없는 연구 생활, 부족함 없는 연구비 등 한마디로 연구원으로서는 최고의 호시절이었던 것이다.

입사할 때 박사 연구원 초임 연봉이 2천만 원대 중반이었는데, 이는 당시 서울에 있는 웬만한 은행의 대졸 직원이 받는 초임 연봉의 거의 두 배에 달했다. 게다가 30여 평이나 되는 사택까지 제공받았으니, 오늘날의 화폐가치와 물가로 환산하면 꽤 많은 보수를 받았던 셈이다.

첫 직장 생활은 미국에서 공부만 하면서 그날이 그날이었던 따분한 일상과는 180도 달랐다. 월급날이 되면 통장 잔고는 새로운 숫자로 바뀌었고, 연구 생활도 편안했다. 내 전공을 충분히 살리면서도 수행하는 연구가 크게 어렵거나 도전적이지 않았던 것이다. 그 덕분에 힘들었던 학위 과정의 긴장감을 내려놓을 수 있었다. 물론 일을 게을리했다는 말은 아니다. 나는 늘 최선을 다해 주어진 업무를 진행했다.

나를 설레게 하는 일도 있었다. 현장 지원을 하는 업무로, 현장에서 개선해야 할 점을 발견하면 연구실에서 그 방안을 찾아내는 것이었다. 연구소에서 지원하는 연구비도 국내 최고 수준이었다. 1년 예산이 수억 원으로, 당시로는 엄청난 규모의 연구비가 책정되어 있었고, 내가 하고 싶은 다양한 연구도 가능했다.

그러나 하루 종일 연구실에 틀어박혀 실험하는 생활이 이어지면서 나는 어느 순간부터 답답함을 느꼈고, 문득 자신에 대해 새로운 사실을 알게 되었다. 즉 나는 결과물을 얻을 때까지 연구에만 매진하는 성향의 인물이 아니라는 것이었다.

내 속에 있는 또 다른 나를 발견하다

RIST에 몸담았던 10여 년 동안 산학연협력의 코디네이터 역할을 잘 해냈다고 자부한다. 재료공학과가 있는 전국 주요 대학교의 교수들과 산업단지가 있는 지방 중소기업의 대표들, 그리고 내가 일하고 있는 연구소의 연구진들이 모여 현장 과제를 따내기 위해서 협업을 자주 하곤 했다.

내 업무는 주로 협업을 통해 성과를 얻을 수 있도록 일을 진행하는 것이었고, 언젠가부터 그런 일이 내 성향에 잘 맞는 것 같아서 즐거움을 느끼곤 했다.

프로젝트가 진행되는 동안 나는 문제가 없는지 계속 체크를 하면서 꼼꼼히 살펴야 했고, 대학교수들과 중소기업 대표들, 그리고 연구원들 등 서로 결이 다른 사람들의 협력을 이끌어내야 했다. 학계와 경제계 사람들의 마음이 맞을 리 없었으나, 그들을 자주 접하다보니 언젠가부터 내 일에 능숙해지게 되었다.

이와 같은 일을 하는 사람을 경영학계에서는 퍼실리테이터 facilitator라고 하는데, 일이 제대로 잘 이루어지도록 중간에서 촉진시켜주는 역할을 하는 사람을 의미한다.

그러다 보니 자연스럽게 포항에 있는 연구소보다 전국에 있는 관련 현장으로 출장을 다니는 일이 많아지게 되었다. 소재 관련 산업단지가 있는 곳으로의 출장도 잦아졌다. 다행스럽게도 출장을 다니면서 업무를 보는 것이 즐거웠다.

어느 날부터 연구소의 부소장이나 연구부장이 내가 연구소에 있는 것을 볼 때면 이렇게 말하곤 했다.

"동빈이가 연구소에 있는 걸 보니 월급날인가 보다."

당시는 월급은 입금되고 명세서를 종이로 받던 시절이었기에 '내가 회사에 있는 날은 곧 월급날'이라는 농담을 이런 식으로 건넨 것이다.

그런데 과연 연구소 실험실에 앉아 있어야만 성과가 나오는 것일까?

아이러니하게도 정작 연구원이었던 나는 그런 생각을 한 번도 해본 적이 없었다. 미국에서 석사와 박사 과정을 마치는 동안 나에게 이러저러한 일을 이렇게 저렇게 하라고 명령한 사람은 단 한 명도 없었다. 무엇이든 내가 생각하고 선택하고 결정했고, 지금까지 이룬 모든 성과는 온전히 내 힘으로 일궈왔다. 오랜 체험을 통해 얻은 경험이 아마도 오늘날 위너테크놀로지의 근무 분위기를 만들어내지 않았을까 싶다.

문제 해결을 위한 방법은 늘 스스로 찾아냈다. 사실 산학협력을 통해 성과를 내기까지의 과정은 쉽지 않았다. 각자 지향하는 방향과 목표가 달랐으므로 자칫 프로젝트가 산으로 갈 수도 있었기 때문이다. 진정한 산학연협력을 위해서는 서로가 프로젝

트의 비전을 공유하고 최종 목표에 이르기까지 조율해야 할 일
이 한두 가지가 아니었다. 특히 대부분 남성들로 이루어진 프로
젝트 팀을 이끌다보면 서로 성격이 부딪쳐 일이 중간에 어그러
질 수도 있었다. 또 평생 잊지 못하는 남자들의 공통된 기억인
군대 문화에 익숙해 나이에 따라 줄을 세우기도 하고, 학연과 지
연을 따지며 분열이 되기도 했다. 미국 박사 출신에 군대까지 면
제받았던 내가 그들의 중간에서 소통하는 데 무리가 없었던 것
은 정말 다행스러운 일이 아닐 수 없다. 한 분야에서 오래 일한
사람들은 자신의 영역에 대한 자존심이 강하기 마련이다. 내 역
할은 총괄 책임자로 지침을 주기보다는 세부 과제 책임자들의
의견을 경청하고 업무를 조율하는 일이었다.

연구원이 아닌 '영업맨'으로서 사업가를 꿈꾸다

가운을 입고 연구실에 앉아 실험을 하는 내 모습이 늘 어색하
게 느껴지곤 했다. 오히려 현장이 더 편하게 다가올 때도 있었
다. 사람들과 어울리며 소통하기를 좋아하는 천성 덕분에 현장
에서 근무하는 담당자들을 비롯해 주임들 및 반장들과도 격의

없이 지냈다.

'나는 미국 박사다'라며 젠체하기보다 현장의 반장들이 쓰는 언어에 맞춰 마초적인 대화를 시도하자 그들은 마음의 문을 열었고, 나는 "사람 좋은 한 박사"로 불리면서 퇴근 후에는 소주 한 잔에 삼겹살을 구우며 늦은 밤까지 웃고 즐기는 일이 일상다반사가 되었다.

사실 술을 잘 못 하는 나로서는 소주잔을 부딪쳐가면서 연거푸 건배를 하며 마시는 일이 여간 곤욕스럽지 않았다. 하지만 그 사실을 눈치챈 그들은 차츰 나에게 술 대신 음료로 건배를 제안하기 시작했다. 술잔을 기울이며 취하기보다 음료를 마시며 대화하는 내 스타일은 그때부터 형성되었고, 지금까지도 사람들과 만나 맑은 정신에 이야기하는 것을 즐긴다.

연구원으로 내가 해결해야 할 과제는 포스코 현장에서 사용하는 소모품의 사용 기간을 어떻게 하면 늘릴 수 있을까를 연구하고 해결책을 제시하는 것이었다. 기존 소모품의 사용 기간이 너무 짧았기 때문이었다.

나는 공학자이다. 공학계 중에서도 재료공학을 전공했다. 좀 더 정확하게 전공을 설명하자면 석사과정은 유리공학, 박사과정은 복합재료의 열적 기계적 특성 연구이다. 신재료 혹은 부품을 다시 디자인하는 것이 전공이다. 한마디로 말하자면 '왜 물건이 깨어지는가? 어떻게 하면 그 물건이 깨지지 않도록 강하게 만들 수 있을까'를 연구하는 것이다.

포스코의 조업 현장에서 작은 설비에 들어가는 부품 수명을 연장하기 위해 실험을 하고, 그 실험 결과를 개선된 부품으로 만들어내는 것이 나의 주 업무였다.

따라서 나는 인천, 부천 대구, 창원 등 제조업 단지를 찾아다니며 연구 결과를 실제로 제작할 수 있는 업체를 물색하느라 출장이 잦았다. 그런 빈번한 출장길에서 정작 나는 연구 기술이 아닌 양산화의 어려움, 영업의 노하우를 배우게 되었다.

사람들과 만나 이야기하는 걸 좋아하지만 술을 잘 마시지 못하는데도 사람들은 나와의 저녁 식사 자리를 좋아했다. 취해도 끝까지 책임져줄 사람이 필요한데, 그 사람이 바로 나였기 때문이다. 내 차에 관계자들을 태우고 설명을 하다보면 자연스럽게 저녁 술자리로 이어지는 출장이 계속되었다.

여전히 전국을 누비며 출장을 다니던 어느 날, 문득 어떤 생각이 머리를 스쳤다.

'내 사업을 해보면 어떨까?'

1995년이었고, 어느새 나는 서른 중반이 되어 있었다.

고위 공직자를 거쳐 대기업 임원과 도금조합 전무를 지냈던 아버지와 함께 사업을 하고 싶다는 생각이 갑자기 떠올랐다. 아버지는 당뇨 증세가 심해지면서 공직을 떠나고 싶어 했는데, 그렇다고 집에서 쉬는 것도 편하지 않다고 하셨다. 그래서 아버지가 대표를 맡고 내가 연구소장을 하면 딱 좋겠다고 생각하며 사업을 구상하기 시작했다.

"아주 많이 힘들 것이다."

마음속에 품고 있던 생각을 조심스레 털어놓았더니 아버지는 이렇게 대답했지만, 내심 기대하는 눈치였다.

그렇게 지난 수년 동안 월급쟁이 연구원으로 지냈던 나는 어느 순간부터 사업가의 꿈을 꾸게 된 것이었다.

고심 끝에 창업 아이템을 결정하다

마침내 회사를 떠나는 운명의 날이 왔다. 나는 RIST에서 이룬 연구 성과와 모든 자료를 반납하고 마음도 내려놓고 나왔다. 그것은 RIST의 자산이었기 때문이다. 그리고 국산화되지 않았던 부품을 찾아본 결과 스웨덴의 K사로부터 전량 수입해 쓰던 초고온 세라믹 히터가 눈에 들어왔다. 연구실에서 연구하면서 사용한 실험로實驗爐에 삽입된 초고온용 세라믹 발열체였는데, 모양에 따라 조금 차이가 있긴 했지만 히터 하나당 가격이 당시 금액으로 30~90만 원 정도로 엄청 고가였다.

그때만 해도 우리나라의 모든 대학과 연구소 그리고 산업 현장에서는 40여 년 동안 스웨덴 제품을 사용해왔다. 하지만 제품에 문제가 생길 때마다 새 제품으로 교체하는 방법 외에는 해결책이 없었다. 게다가 그들의 영업 방식은 한마디로 '나 몰라라'식이었다. 제품을 주문하면 배송까지 약 2개월이 걸릴 정도였는데, 비행기가 아니라 선박으로 배송해주기 때문이었다. 그리고 소량 주문의 경우 늘 배송의 우선순위에서 밀렸다.

K사가 개발한 이 부품은 기술 독점을 유지하고 있었고, 우리는 그들에게 제품을 구입하는 고객이었지만, 고객이 원하는 방식대로 애프터서비스를 받을 수 없었다. 심지어 일방적으로 가격을 올린다고 통보해도 그대로 받아들이고 구입할 수밖에 없는 처지였다. 이른바 '을의 갑질'이었다. 비용은 비용대로 지불하면서 제대로 된 서비스를 받을 수 없는데도 기술 독점이라는 우위를 선점하고 있던 탓에 우리로서는 속수무책이었다.

"우리는 왜 이런 부품을 만들지 못하는 것일까?"

실험실에서 연구하는 중에 히터가 말썽을 빚을 때면 늘 이렇게 푸념 아닌 푸념을 늘어놓곤 했다. 너무나 짜증이 나고 화가 치밀었다.

그런데 그 짜증과 화는 나중에 내가 창업을 하는 불씨가 되었으니, 아이러니가 아닐 수 없다. 세라믹공학을 전공한 덕분에 히터를 어떻게 만들고 또 히터가 어떻게 작동하는지를 이론적으로나마 알고 있던 터라, 실제 제품화하는 것도 그리 까다롭지 않을 것이라고 생각했다.

"그래, 내가 한번 해보자."

언젠가는 내 회사를 운영하겠다는 포부를 가지고 있었으므로 내친김에 창업에 대해 깊이 생각해보게 되었다. 게다가 나의 창업론에도 어긋나지 않는 아이템이라고 생각했다. 많은 사람들이 창업을 할 때 자신이 직장에서 하던 일을 그대로 들고 나와서 시작해 안정적으로 사업을 진행하곤 한다.

요즈음은 퇴직 후 '동종 업계 이직 금지' 등 직장인들에게도 제재가 가해지지만, 당시만 해도 이 같은 법적 효력은 없었다. 그러니 동종 업종으로 창업을 한들 누가 뭐라고 하지 않던 분위기였다.

하지만 나는 그런 식으로 시작하고 싶지 않았다. 대단히 도

덕적인 윤리 의식이 있어서라기보다, 내가 몸담고 있던 회사에서 하던 일을 가지고 나와서 창업을 한다는 건 스스로 용납할 수 없었기 때문이다. 굳이 하던 일을 창업한답시고 들고 나와서 돈을 번다면, 전 직장 동료들이 나에게 손가락질을 하지 않을까 걱정스럽기도 했다. 내가 연구원으로 일하면서 진행했던 과제와 관련된 사업 아이템으로 창업을 하지 않겠다는 생각은 늘 하고 있었다.

제철소 현장에서 사용되는 부품들을 연구하다보니 중소기업 관계자들이 자주 찾아왔다. 그들은 대부분 나에게 "한 박사, 돈 될 만한 기술 없어? 있으면 같이 해보면 어때?"라고 말하곤 했다.

순진하다고 해야 할까, 세상 물정을 몰랐다고 해야 할까. 나를 생각해주는 듯한 그들의 제안에 귀가 솔깃해졌다.

사실 학교나 연구소에서 배운 이론적인 지식은 현장의 실무적인 부분에서 거의 도움이 되지 않는다. 현장에서 어떻게 살아남아 내가 원하는 것을 이루어내느냐가 관건이기 때문이다. 그야말로 냉혹한 정글이었다. 정글에서 살아남기 위해서는 배워야 할 것이 너무나도 많다. 다만 나이가 들어 창업을 한 탓에 망하지 않고 성장할 수 있는 방법을 찾다보니 '기술력밖에 없다'는 결론에 이르렀다.

창업에 대한 생각은 점점 더 강해졌다. 그리고 내가 몸담고 있던 RIST에서 기술을 가지고 나오는 것이 아니라 부품의 국산화를 하는 것으로 마음을 굳혔다. 그렇게 결정된 아이템이 초고온 세라믹 발열체였다.

초고온 세라믹 발열체는 RIST의 연구 과제가 아니었다. 연구를 위해서 연구실에서 필요했던 부품으로 전량 수입에 의존하던 것들 중 하나였으니, 그런 부품의 국산화라면 창업 아이템으로 정하기에 적당한 명분이 되기도 했다.

미련만 남은 아버지와의 공동 창업

아버지와 함께 사업을 해보고 싶었던 나는 1995년 말쯤 아버지께 상의한 후 마침내 사업 준비에 들어갔다.

먼저 회사를 설립해야 했으므로 출장을 자주 다녔던 인천을 둘러보았다. 공장 부지로 적합한 곳을 물색하던 중 인천 남동공단에 들렀고 그곳으로 결정했다.

나의 첫 공장은 정말 보잘것없었다. 지금까지의 내 인생에서 이같이 허름한 장소는 단연코 없었다. 하지만 처음은 미미하나

나중은 창대할 것이라고 믿었다. 이상하게도 잘될 것이라는 믿음이 있었다. 그러니 겉으로 드러나는 허름함은 아무것도 아니라는 생각이 들었다. 이제는 기술과 시간과의 싸움이었다.

내 머릿속에는 한 가지 생각밖에 없었다. '부품의 국산화', 이것만 성공시키면 내 사업의 목적을 달성하는 셈이었다. 사업가로 성공하겠다는 마음보다도 부품의 국산화, 즉 초고온 세라믹 발열체라는 기술 한 가지라도 국산화에 성공한다면 내 이름 석자를 걸고 부끄럽지 않은 삶을 이어나갈 수 있을 것이라고 생각했다.

그러나 아버지와 함께할 수 없었다. 내가 사업을 구상하고 생산 설비 등을 알아보고 다니던 1996년 8월, 아버지는 암으로 갑작스레 세상을 떠나셨다. 오랜 세월 당뇨로 건강이 좋지 않으셨기에 곁에서 모시고 싶었던 내 꿈도 사라져버렸다.

안타깝게도 아버지와 함께 창업을 하고 아버지로부터 삶의 지혜를 배우며 많은 시간을 보내리라는 꿈은 접을 수밖에 없었고, 그저 마음속에 담아둬야만 했다.

나는 세상에서 아버지를 가장 존경했다. 아버지는 누구보다 현명하고 능력이 뛰어났지만 항상 바빴고, 지나치게 과묵한 탓에 자식들과 깊은 대화를 나누지도 못했다. 나는 그 점이 늘 아쉬웠고, 더 나이 들기 전에 아버지와 함께 여러 가지를 경험하면서 부자간의 정을 쌓아나가고 싶었다. 박사 공부를 마치고 직장 생활을 경험하면서 아버지와 같이 사업을 해보고 싶다는 바람은 어쩌면 그런 마음에서 비롯되었을지도 모른다.

하지만 그런 마음을 보여드릴 시간도 없이 아버지는 너무 빨리 가시고 말았다. 존경하는 아버지와의 시간을 마음속에 적립하고 싶었던 기억은 안타까움과 함께 스러져버렸건만, 이제 내가 아버지의 나이가 되고 보니 그때 조금 더 일찍 행동하지 못한 것이 못내 아쉽고 한스러울 뿐이다.

깊은 고민보다 때로는 단호한 행동이 필요하다

'무'에서 다시 출발하다

1997년 (주)위너테크(이하 혼동을 피하기 위해 위너테크놀로지로 표기)를 설립하게 되었다. 부품의 국산화라는 목표를 세우고 멋진 사업가로 성공할 것이라는 풍운의 꿈을 꾸며 기대감에 한껏 부풀었다.

고액 연봉이 보장된 현직 책임연구원, 게다가 가까운 미래에 수석연구원이나 부서장이라는 위치에 머물 수도 있었다. 이후 대학의 교수자리를 찾아 학교로 갈 수도 있었을 것이다. 돌이켜보면 연구실이라는 갇힌 공간에 앉아 혼자서 무엇을 파고드는 것보다 여러 사람과 함께 일하는 것을 더 좋아하는 성향을 가진 내가 대학교수가 되었다면 어떠했을까 싶다. 안정적이고 존경받는, 그래서 남들은 좋은 직장이라고 생각하는 교수라는 직업을 나는 아마도 견뎌내지 못했을 것이고, 끝내는 그 자리를 떠났을 것이다.

그런 안정적인 길 대신 나는 가시밭길을 선택했다. 퇴직금을 포함해 거의 대부분의 재산을 창업에 쏟아붓고 미래를 알 수 없는 안개 속에 가려진 나의 꿈을 선택했다. 그것은 바로 사업가의 길이다. 왜 그런 결단을 내릴 수 있었는지, 지금 와서 생각해도 한마디로 말하기는 어렵다. 다만 '스웨덴은 되는데, 왜 우리는 안 돼?'라는 질문이 오랫동안 머릿속에서 떠나지 않았고, 그 질문 하나가 나를 허름한 공장으로 이끌었을 뿐이다.

그렇다고 RIST에서 하던 연구 과제를 가지고 나오는 것은 도의상 해서는 안 될 일이라는 생각이 들었다. RIST에서 배운 것도 적지 않고 혜택도 많이 받았는데, 어떻게 연구 과제까지 가지고 나온단 말인가. 그것은 양심의 문제였다. 나는 새로 만드는 것을 선택했다. "새 술은 새 부대에"라는 말도 있지 않은가. 지금도 마찬가지이지만 그때에도 나는 당장 큰돈을 버는 사업보다 오랫동안 경쟁의 우위를 차지할 수 있는 기술 개발 중심의 기업을 꿈꿨다.

성공의 가능성을 따져보니 한 가지 분명한 것이 있었다. 가격이 비싸고 개발하기 어려운 제품이라면 경쟁자가 거의 없을 것이라는 사실이었다. 특히 발열이 되는 부분(발열부)과 발열이 되지 않는 부분(비발열부), 즉 열이 전달되어 뜨거운 부분과 열이 전달되지 않아 차가운 부분이 접합되어 하나의 제품으로 완성할 수 있는 히터와 같은 제품은 수요가 적을 수 있지만, 경쟁사가 많지 않을 것이라는 생각은 내 안에서 점점 부피를 불렸고 어느 순간부터는 확고해졌다.

하지만 이것은 내 머릿속에 들어 있는 기술이자 이론에 불과했다. 아무리 이미지로 생각을 떠올린다고 해도, 아무리 책상머리에 앉아 디자인을 한다고 해도 실제 제품이 나오는 것은 아니었다.

내 손으로 한 번도 초고온용 세라믹 발열체를 만들어본 경험이 없었다. 그런데 덜컥 공장 부지부터 정하고 장비 몇 대 놓으면 곧 제품이 나올 것이라고 꿈꾸었으니……. 돌이켜보면 참으로 현실 감각이 없고 무모하기만 했던 것 같다.

공장이라는 나의 꿈을 실현할 공간이 결정된 뒤 세라믹 히터를 만들려면 무엇이 필요한지를 고민했다. 일단 히터가 나오기까지의 공정을 생각해보았다.

발열부와 비발열부의 원료는 겉으로 보면 그냥 흙과 같은 파우더 형태이다. 물에 개면 덩어리가 되는 찰흙 반죽을 떠올리면 상상이 가는 그런 형태 말이다. 흙으로 만든 도자기도 세라믹이라고 할 수 있으니, 내 생각이 완전히 틀렸다고 볼 수는 없었다.

나의 생각은 참으로 단순했다.

반죽을 한 뒤 찰흙 덩어리를 얇고 가늘게 뽑아낼 수 있는 기계가 있으면 가능할 것 같았다. 그래서 남동공단에 있는 빵 공장에 들러 믹서기를 보고서 똑같은 모양으로 혼합기를 만들어 공장에 설치했다. 그리고 방앗간의 가래떡 뽑는 기계를 본떠 만든 압출기도 설치했다. 그러고 나서 중국에서 원료를 구입한 다음 본격적으로 히터를 제작하기 위한 실험에 들어갔다.

믹서기에 원료를 섞고 찰흙 형태의 덩어리를 뽑아내는 실험을 했다. 여기까지는 순조로워 보였다. 곧 완제품 히터가 나올 것만 같았다.

하지만 내 생각대로 움직이는 건 하나도 없었다. 밀가루 반죽을 돌리던 빵 믹서기처럼 생긴 반죽기는 접착제가 뒤섞인 원료를 제대로 반죽해내지 못했다. 섞기는커녕 원료를 넣고 기계를 돌리자 모터에 불이 붙어 공장에 불이 날 뻔하기도 했다. 모터가 과열되어 불이 붙은 것이었다. 그렇게 빵 믹서기처럼 생긴 반죽기는 스위치를 켠 지 30분 만에 과열되어 연기가 났고, 섞이다 만 원료 덩어리는 먼지로 가득 차 있었다.

'나, 정말 공학박사 맞냐?'

재료공학으로 10년 공부하고 그 후 또 10년 넘게 연구한 사람인 나는 이런 생각에 허우적거렸고, 곧이어 좌절감이 밀려들었다.

한심했다. 세라믹 원료의 점도와 밀도 그리고 이를 섞는 데 버텨내는 힘의 역학은 당연히 밀가루와 다른데도 어떻게 빵 공장 반죽기를 떠올렸을까.

참으로 웃지 못할 해프닝이 아닐 수 없었다.

그런 와중에 비가 오는 날이면 슬레이트 지붕으로 된 천장 한쪽으로 빗물이 새어 들어와 공장 바닥이 흥건해지곤 했다. 추적추적 내리는 비를 보며 낡은 공장 3층에 앉아 제품 개발에 성공할 수 있을까를 걱정하며 한없이 창밖을 쳐다보기도 했다. 결국 2억 원을 들여 만든 압출기와 반죽기는 고물상으로 직행했다. "엿 바꿔 먹는다"는 말은 이럴 때 쓰는 거구나 싶어 헛웃음이 나왔다.

그렇다고 해서 포기하고 싶지는 않았다. 아직 창업의 열기도 식지 않은 상태였다. 아니, 오히려 심장을 뜨겁게 달구고 있었다. 그래서 마음을 다잡기가 더 쉬웠는지도 모른다.

'그래, 다시 만들어보자.'

박사 명함을 접고 작업복 차림으로 변신하다

RIST와 사업체를 겸직하던 나는 30대의 마지막 해인 1999년 내 사업에 올인하기로 마음먹었다. 나는 한번 시작한 일은 끝장을 보는 성격이었고, 성실함은 나의 트레이드마크였다. 미국으로 유학을 떠나 본격적으로 공부란 걸 시작하고 박사학위를 마치면서, 나는 그것을 내 인생에서 '성공'이라는 궤도에 오른 첫 사건이라고 생각한다. '하면 된다'라는 마음가짐도 그때 생긴 것 같다. 그렇게 첫 결실을 맛본 나는, 지금은 매우 어려운 상황이지만 이 또한 곧 극복해낼 수 있을 것이라며 새롭게 각오를 다졌다.

아버지의 영향도 컸다. 평생 공무원으로 일하다가 퇴직 후에 잠시 기업에 몸담았던 아버지는 "남자는 철새처럼 이리저리 옮겨 다녀서는 안 된다"고 늘 말씀하셨다. 그 말씀은 내 DNA에 깊이 새겨졌고, 시작한 일은 반드시 끝내야 한다는 게 나의 지론이자 삶의 철학이 되었던 것 같다. 그리고 초고온 세라믹 발열체의 국산화에 성공하면 나의 미래가 보장될 것이라는 기대도 컸다.

1999년 9월에 RIST를 퇴직한 나는 위너테크놀로지 대표로 마음을 다잡았다. 이후 한참 동안 나의 정장은 작업복으로 입던 점퍼였다. 하루 만에 망가진 압출기와 반죽기를 다시 설계하기 시작했다. 기계를 만들어야만 제품을 생산해낼 수 있으니 고충은 두 배였다. 여기에 더해 발열부와 비발열부를 붙이는 접합기 등을 제작해나갔다. 반죽기, 성형기, 압출기, 접합기 등 제품 생산에 필요한 기계들의 자동화를 위해서도 연구를 계속했다.

RIST를 그만두기로 마음먹은 가장 큰 이유는 회사가 제대로 돌아가지 않는다는 판단이 들어서였다. 공장에는 아르바이트생을 포함해 8~9명 정도가 일하고 있었다. 함께 일할 직원을 선발하기 위해 창업 초창기에는 전문대를 졸업한 학생들에게 제안을 했다.

"인천에 있는 남동공단에서 같이 일해보지 않을래?"

직원 선발을 위한 첫 소통이었다. 아르바이트를 하던 학생들은 월급을 받는 직장이라는 내 말에 흔쾌히 따랐고, 인천 남동공단의 허름한 공장에서 그들과 함께 시제품 개발을 시작했다.

하지만 RIST의 일과 위너테크놀로지의 일을 겸하다보니 공장을 비우는 일이 다반사였다. 직원들에게 지시를 내리고 그 일이 제대로 처리되는지를 관리하는 데 당연히 소홀해질 수밖에 없었고, 직원들은 시간만 때우다 퇴근하기 일쑤였다. 심지어 직원들이 서로 신호를 주고받으며 눈치만 보면서 제대로 일도 하지 않는다는 사실을 알게 되었다.

창업한 지 몇 개월이 지난 후 직원들은 내가 오는지 안 오는지를 미리 알 수 있도록 벨을 달아놓고 나타나면 서로 신호를 보내고는 열심히 일하는 척 연기를 했다는 것도 나중에 알았다.

처음에는 그런 상황을 정확하게 파악하지 못했지만, 이상하다는 눈치는 챌 수 있었다. 그러던 어느 날 사무동을 거치지 않고 바로 외부 통로를 통해 기습적으로 공장을 방문했고, 직원들이 아예 판을 깔아놓고 노는 모습을 목격할 수 있었다. 직원들은 무척 당황했고, 그들의 모습은 적나라하게 드러나게 되었다.

'아! 이렇게 해서는 안 되겠구나.'

내 사업에 올인하지 않으면 기술 개발은 고사하고 허송세월만 보내겠다는 생각이 들었다. 처음부터 체계적으로 계획을 세우고 사업을 시작하지 않은 탓에 조직 관리는커녕 시제품이 언제 나올지도 알 수 없는 암담한 상황이었다.

그래도 오늘은 지나간다

2트랙의 성공 전략

나는 공장으로 거처를 옮겼다. RIST를 퇴사한 것도 위너테크 놀로지를 제대로 운영하기 위한 결단이었다.

연간 경영계획 수립은 고사하고 매출을 어떻게 올려야 할지, 직원들의 월급은 어떻게 지급해야 할지 덜컥 겁이 났다. 하지만 그렇다고 해서 내가 스스로 결정한 일을 번복하고 싶지는 않았다.

일단 허름한 공장 한쪽에 간이침대를 놓고 직원들과 같이 먹고 자면서 일에 몰두하기 시작했다. 그러면서 제품 개발을 위한 연구와 실험을 계속 해나갔다.

그때 알게 되었다. 직원들은 윗사람이 없으면 일을 하지 않는 다는 사실을. 특히 조직이 제대로 구성되어 있지 않고, 평가를 거쳐 직원들에게 확실한 보상이 주어지지 않는다면 절대 자발 적으로 움직이지 않는다는 사실을 말이다.

2년 동안 기계를 맞춤으로 개발해나가면서 히터를 만든 결과 '이 정도면 팔아도 되겠다'라는 믿음이 생겼다.

조직을 재정비하고 사업을 2트랙으로 진행했다. 첫 번째 트 랙으로는 박사학위를 활용해 정부의 과제를 본격적으로 수주 해 연구 개발비로 실험용 원료 구입 및 장치 개선에 충당했다. RIST에서 연구원으로 재직할 때 정부 과제를 어떻게 수주하는 지, 그리고 어떤 정부 과제가 실패를 거듭하고 있는지에 대한 정 보와 지식을 가지고 있었다. 인천시가 지원하는 중소기업 지원 연구 사업을 신청해 6,000만 원 규모의 정부 사업을 수주했다. 참으로 귀한 과제로, 지금의 위너테크놀로지를 생존케 해준 마 중물이자 자금이 되어주었다. 실험 결과와 연구 성과를 보고서 로 작성해 발표하면서 성과물을 내고 이듬해에는 산업자원부의 연구 사업에 도전했다.

그에 앞서 인천시의 중소기업 지원 사업의 성과에 힘입어 지 속적으로 연구 과제를 따냈다. 1년에 2~3억 원씩 지원해주는

3년 장기 연구 과제도 받았다. 또 2년간 10억 원이라는 적지 않은 사업화 자금을 받은 덕분에 국산화에 집중할 수 있었다. 하지만 당시 정부가 내린 결론은, 국산화는 할 수 있겠지만 제조원가가 지나치게 높아 사업성이 떨어진다는 것이었다. 1,700도까지 올라가는 초고온 세라믹 발열체는 이미 중국에서 저가 제품도 나오고 있던 터라 1,800도와 1,900도를 견딜 수 있는 제품을 만들 수 있느냐가 사업 성공의 관건이었다.

환경부의 연구 과제도 지원받았다. 폐기할 수밖에 없던 산업 원자재를 재활용하는 사업이었다. 2002년부터 환경부를 비롯해 정부의 부품 소재 사업을 살펴보면서 이듬해부터 프로젝트 진행을 본격화하기 시작했다.

두 번째 트랙으로 실패를 거듭하더라도 세라믹 히터 제조에 성공하기 위한 시행착오를 계속 이어나갔다. 제품 개발을 위한 기계설계가 중요했기 때문이다. 현재 위너테크놀로지가 사용하는 기계는 4~5세대이다. 그러니까 서너 번에 걸쳐 커다란 실패 과정을 거쳐 만들어낸, '우리만의 노하우'로 탄생한 기계라고 할 수 있다.

두 가지 트랙이 따로 분리된 듯 보이지만, 사실 서로 연결된 고리가 있었다. 초고온 세라믹 발열체의 국산화 가능성 타진이라는 목표에 맞춰 연구를 하고, 그 결과를 보고서로 작성하는 과제였기에 우리가 개발하던 제품의 가능성을 정부와 함께 공유하던 시기였다.

안정된 정부 사업의 성과에 힘입어 1999년 위너테크놀로지는 벤처기업으로 지정되었다. 지속적으로 정부 사업을 이어온 결과, 과거 정부 출연 국가 연구 기관에서 장기간의 연구에도 실패를 거듭한 과제를 우리가 성공시키기도 했다.

"네가 어떻게 그걸 해?"

실패한 정부의 과제를 비가 새는 허름한 공장에서 어떻게 해내겠냐는 말이었다. 그럼에도 불구하고 정부 산하 연구소에서 박사급 연구원들이 6년여에 걸쳐 연구를 진행했으나 실패한 그 과제를 맡아 성공시키기로 마음먹었다. 그때는 명함에 박사 타이틀을 적지 않았는데, 허름한 공장에 공학박사라는 내 타이틀이 맞지 않는다는 위축된 마음 탓이 컸다.

드디어 바라마지 않던 그날이 왔다.

결국 우리는 해냈다. 10여 명의 위너테크놀로지 직원들이 힘을 합쳐 그 과제를 해결한 것이다. 주위 사람들은 놀라움을 금치 못했다.

"와, 대단한데? 정부 연구 기관에서 6년 동안 실패한 사업을 너희들이 해결해내다니!"

하지만 그들의 칭찬에 즐거워하고 있을 때가 아니었다. 내가 가야 할 방향을 정할 순간이 되었다.

'그래, 이거다, 이거야. 연구 개발!'

누가 뭐라고 하든 상관없었다. 그 일은 연구 개발Research & Development만이 작은 소재 부품 회사가 정글 같은 이 세계에서 살아남을 수 있는 길이라는 생각을 하게 된 계기가 되었다.

마음가짐도 새로 다잡았다. 경비도 최소화했다. 그러면서 여러 가지 일을 경험하게 되었다. 그 일례로 연구소에 재직할 당시 럭셔리 자동차인 널찍한 뉴그랜저를 타고 다닐 때는 몰랐지만, 창업 후 줄곧 몸 하나 겨우 들어갈 정도의 작은 경차를 타고 다닐 때면 나를 대하는 사람들의 태도가 다르다는 것을 느꼈다. 뉴그랜저를 타고 호텔 입구에 도착하면 문을 열어주고 주차까지 도맡아 해주던 호텔 직원들이 경차를 타고 호텔 정문에 서면 빨리 치우라는 듯 눈치를 보냈던 것이다.

나는 더 모든 경비를 최소화하면서 허리띠를 졸라매야겠다고 다짐했다. 마음가짐도 제로 베이스로 리세팅한 것이다.

모든 일은 회사 중심으로 하되, 연구 개발에 집중하기 시작했다. 내 인생을 건 사업이었기 때문이다.

정부 과제도 정도 경영으로 최선을 다하라

창업 초기에는 반드시 성공하고야 말겠다는 굳은 의지로 열정 하나만은 뜨겁게 불타오른다. 하지만 성과가 나오기까지 버티려면 뜨거운 열정만으로는 부족하다. 사업은 100미터 단거리 달리기가 아니라 42.195킬로미터를 쉼 없이 달려야 하는 마라톤과 같다는 점을 잊지 말아야 한다.

창업 초기에 나름대로 준비를 많이 했다고 하는 사람들도 운영 과정에서 숱한 어려움에 직면하게 마련이다. 그중 가장 힘든 점이 운영 자금 부족과 관리 능력 부족이 아닐까 싶다. 가끔 투자에 성공했다고 투자받은 자금을 먼저 쓰고 보는 경우도 있다. 하지만 투자받은 자금은 공짜가 아니라는 사실을 잊어서는 안 된다. 반드시 갚아야만 하는 빚이라는 점을 상기시켜야 한다.

'초고온 세라믹 발열체의 국산화'라는 미션 하나에 꽂혀 창업에 도전한 나 역시 얼마 지나지 않아 자금 부족이 현실로 다가왔다. 그러나 RIST 연구원이었던 경력이 헛되지 않았는지, 불현듯이 정부의 연구 개발R&D 과제가 떠올랐다. 그때부터 소재 부품 관련 정부 과제를 수소문하고 찾아내 제안서를 쓰기 시작했다.

돌이켜보면 기술의 국산화라는 명분은 정부 과제를 수행하는

데 적지 않은 장점으로 작용했던 것으로 생각된다. 나는 최선을 다했고, 매번 성과를 내면서 위너테크놀로지의 첫 시제품이 나오기까지, 그리고 시장 개척을 위해 필요한 시간을 벌기까지 정부의 중소기업 지원 사업은 나에게 큰 도움이 되었다.

정부의 연구 개발 과제는 사업 규모가 적게는 수천만 원부터 많게는 수십억 원 단위로, 사업 내용도 아주 다양하다. 매년 하반기가 되면 산업통상자원부, 국방부, 환경부 등 중앙정부 부처는 물론 정부 부처 산하 연구 기관에서 각종 연구 개발 프로젝트 공모가 시작된다. 정부의 연구 개발 과제를 수주하면 안정적인 자금 확보는 물론, 회사의 제품 개발 혹은 성능 개선을 동시에 할 수 있는 '꿩 먹고 알 먹기'식의 일거양득 전략이 될 수 있다.

두 마리의 토끼를 모두 잡을 수 있는 정부의 연구 개발 과제이지만, 그렇기 때문에 각별히 주의해야 한다. 자칫 '독이 든 성배'가 될 수도 있기 때문이다. 사업 수주에는 성공했으나, 연구 개발에 올인하지 않고 돈 관리 등이 부실해 윤리적인 문제로 지적을 받게 된다면 정작 자신의 사업 성공과는 거리가 멀어질 뿐 아니라 '기피 대상'이라는 낙인이 찍힐 수 있다. 그렇게 되면 오히려 수주하지 않은 것만 못하다는 점을 잊어서는 안 된다.

흔히 "정부 사업은 눈먼 돈 따먹기"라고들 한다. 게다가 실패

할 가능성이 상대적으로 큰 연구 개발 과제는 성과를 내지 못해도 큰 문제가 되지 않는다는 인식을 갖고 있다. 일단 눈먼 돈부터 좀 따보자는 심산으로 정부의 과제 수주에만 혈안이 되어 제안서를 작성할 때 온갖 미사여구를 동원하고 프레젠테이션을 위해 멋진 포맷으로 번지르르하게 포장하느라 정작 사업의 핵심과 본질을 잊어버리는 경우가 적지 않다. 게다가 사업을 수주한 후에도 연구 개발 외에 자금을 사용하는 등 모럴 해저드를 저지르기도 한다.

"초심을 잃지 말아야 한다"는 말이 있다. 창업을 할 때 고민했던 비전과 미션은 힘들고 어려운 과정을 거치면서 점점 퇴색되기 쉽다. 결국 이루고자 했던 꿈은 물거품이 되고 잘못하면 사기꾼으로 전락할 수도 있다. 그렇게 되지 않기 위해서는 무엇보다도 늘 스스로를 경계하고 초심을 잃지 않도록 노력해야 한다.

정부의 연구 개발 과제 수주에 성공해서 진행할 때에도 마찬가지이다. 초심을 잃지 않으면서 효율적으로 이 사업을 활용해야만 내 사업에서도 성공하기가 용이하다. 지난 경험을 되살려 핵심을 정리해보면 다음과 같다. 물론 사람마다 상황이 다르고, 연구 분야 및 사업 분야에 따라 조금씩 차이가 있겠지만, 본질은 크게 다르지 않을 것이다.

첫째, **사업 아이템과 관련성이 깊은 연구 개발 사업을 수주하라.**
정부의 연구 개발 과제 중에서 내가 장기적으로 이루어내겠다고
세운 목표에 한 걸음 더 다가갈 수 있는 내용인지를 먼저 따져
봐야 한다. 단순히 돈이 필요해서 정부의 연구 개발 사업을 추진
한다면 경영에 필요한 자금을 벌 수 있는 기회는 되겠지만, 창업
초기의 목표를 달성하는 데 시간이 더 걸릴 수 있기 때문이다.

둘째, **기본에 충실하라.** 창업 초기라면 어느 하나 제대로 갖추
어지지 않은 상태일 것이므로 이 같은 조언이 크게 와닿지 않을
수도 있다. 하지만 처음부터 초고속 성장을 기대해서는 안 된다.
급하게 먹은 음식은 체하기 마련이다. 그러므로 사업의 지속성
을 먼저 생각하고 거기에 주안점을 두어야 한다. 이를 위해서는
무엇보다 기본에 충실해야 한다.

"기본에 충실하라"는 말은 내가 사업을 준비할 때부터 다짐해
온 신념이기도 했다. 누구나 빨리 성공하기를 바라고, 그 성공을
주변에 자랑하고 싶어 하는 마음은 이해한다. 그러나 성공은 하
루아침에 이루어지지 않는다는 사실을 명심해야 한다. 나 스스
로 기본을 지키며 하루하루 충실한 삶을 영위해나간다면 성공
은 조금씩 눈앞으로 다가올 것이다.

정부의 연구 개발 과제는 사실 아주 유리한 조건으로 사업 자

금을 마련할 수 있는 제도이다. 그래서 일부 기업은 그들의 초기 목표 대신 정부 사업만으로 이익을 창출하는 회사도 적지 않다. 정부 사업을 통한 창업 초기의 목표 달성을 위해 어떤 선순환을 만들어야 하는지를 먼저 고민하지 않으면 주객이 전도되는 상황이 벌어질 수 있으니 주의해야 한다.

셋째, 스스로에게 엄격하라. 누구나 사업을 하면 단기간에 성과를 내기 위해 모험을 하기 쉽다. 그중 하나가 정치권, 공권력 혹은 대기업에 의존하는 편법 경영이다. 기업을 성장시키겠다는 마음 하나 때문에 누군가의 권유로 혹은 누군가의 도움을 먼저 생각하며 그곳에 줄을 대기 위해 애를 쓰기도 하는데, 이는 지양해야 할 기업가의 자세이다. 특히 자신만의 기술을 확보하겠다는 목표가 서 있다면 더욱 주의해야 한다.

누군가에게 의존하려 든다면 반드시 거기에 대한 대가를 치러야 한다는 점을 명심해야 할 것이다. 사업으로 성공하기까지의 과정은 사실 외롭고 힘들다. 하지만 정도 경영은 누가 알아줘서 하는 것이 아니라 기업을 운영하는 경영자가 지켜야 할 기본 자질이며, 정상적인 마음가짐이자 자세이다. 편법 경영을 위해 주위를 살피는 대신 사업의 지속성을 유지하려면 어떻게 해야 하는지, 그 원동력을 어디서 찾아야 하는지에 대해 더 깊이 고민해야 할 것이다. 그리고 고민 끝에 결론을 내렸을 때는 주위를 돌아보지 않고 무쇠의 뿔처럼 홀로 걸어가야 한다. 비록 그 길이 외롭고 힘들더라도 말이다.

넷째, **성실-실패 대신 악착-진전을 선택하라.** 정부의 연구 개발 과제를 수주하는 것은, 특히 창업 초기라면 아주 유리한 고지를 선점한 것과 다를 바 없다. 자금을 융통하는 것은 물론 정부의 지원금을 갚아야 하는 대출 조건도 아주 유리하기 때문이다. 특히 연구 개발이라는 특성상 실패할 가능성이 크다는 점을 정부에서 용인해준다는 것은 실패해도 내 회사에 크게 불리하게 작용하지 않는다는 의미일 수도 있다. 그래서 나온 말이 '성실-실패'이다. 성실하게 사업은 진행했으나 실패했다는 의미인데, 정부 사업에는 이 같은 성실-실패가 적지 않다.

그러다 보니 사업을 공모할 때에는 사력을 다 하지만 일단 과제를 수주하고 나면 마음가짐이 느슨해질 수 있다. 이때 다시 초심을 되살려야 한다. '내가 무엇을 위해 창업을 결심하고 이 자리에 있는가'를 생각해보자.

정부 사업의 성과를 내 사업으로 연계해서 기술의 국산화 혹은 신제품 개발로 연결시켜야 한다는 각오를 다져야 한다. 만약 이를 되새기지 못하면 시간만 보낼 뿐 스스로 세운 목표, 즉 창업 초기의 미션 및 비전과는 거리가 멀어지는 결과를 낳을 수도 있다.

따라서 정부의 연구 개발 과제 하나도 허투루 생각하지 말고 내 사업에 도움이 될 수 있도록 악착같이 이용하겠다는 마음가 짐을 가져야 한다. 그러다 보면 자연히 앞으로 조금씩 나아가게 될 것이다.

순간의 선택은 인생도 바꾼다

사립학교 vs 공립학교

내가 창업을 해서 새로운 삶을 살아가기까지의 과정을 돌이켜보면, 어린 시절의 기억이 크나큰 영향을 미쳤음을 부인하기 어렵다. 그 기억은 지금의 나를 만든 원동력이 되었기 때문이다.

뜨거운 교육열을 자랑하던 어머니는 일찌감치 헬리콥터 맘을 자청하고 나섰다. 초등학교(당시는 국민학교였다) 입학을 앞둔 큰 아들의 고사리손을 잡은 어머니는 우리나라 상위 몇 퍼센트 내 부자들이 간다는 사립 초등학교인 경기초등학교로 나를 입학시켰다. 그때 만난 친구들은 지금도 명함만 내놓으면 전 국민이 알아볼 만한 부잣집 도련님 혹은 공주님들이었다. 우리 집은 그들

만큼 대단한 부잣집이 아니었던 탓에 대한민국에서도 손꼽히는 부잣집 자제들과는 라이프 스타일이 달랐다.

친구들의 생일 파티에 초대를 받아서 가보면 생일상의 규모나 선물의 차원이 달랐다. 게다가 내 친구들은 모두 기사 아저씨가 모는 대형 외제 차를 타고 다녔다.

초등학교 시절, 나는 키가 제법 컸었다. 혈관종양이라는 선천적인 질병을 타고났지만 운동을 좋아했다. 스케이트와 수영 종목은 학교 대표로 출전할 만큼 실력을 인정받기도 했다. 그래서일까, 초등학교에 다니던 6년 동안 친구들과 아주 잘 지낸 편이었다.

하지만 비싼 사립학교 생활은 딱 거기까지였다. 1969년부터 중학교 입시제도가 없어지고 학군제로 학교가 편성되는 식으로 교육체계가 바뀌었던 것이다. 선택의 여지 없이 나도 운명에 순응하면서 추첨 결과대로 인창중학교를 거쳐 명지고등학교를 다녔다.

중학교에 입학한 뒤, 나는 다시 한번 심리적 충격을 받게 되었다. 서대문구에 살던 나는 중학교에 다니자마자 환경이 열악한 지역에서 살고 있는 친구들이 제법 많다는 사실을 알게 되었다. 판자촌 같은 집에 살면서 작은 공중화장실을 온 동네 사람들이 같이 사용하는, 그런 풍경이 흔하던 시절이었다. 초등학교 때 친구들의 생활환경과는 한마디로 천지차이였다.

이렇게 경제적으로, 문화적으로 격차가 많이 나는 이유가 무엇 때문인지 한동안 진지하게 생각해본 적도 있었다.

시대적인 흐름 탓에 나는 사립학교와 공립학교를 둘 다 경험해봄으로써 우리나라 교육 시스템의 현실을 어린 시절에 이미 체득하게 된 셈이었다. 이때부터 늘 베풀 수 있는 존재가 되기 위해 열심히 살아야겠다고 결심하게 된 것 같다.

조종사의 꿈을 접고 재료공학 박사가 되다

어릴 때 내 꿈은 비행기 조종사였다. 하지만 태어나면서부터 인큐베이터에서 오랜 시간을 보내며 여러 차례 큰 수술을 받고 생사를 넘나들었던 탓에 조종사의 꿈은 일찌감치 포기하지 않을 수 없었다. 현실적으로 신체검사라는 벽을 넘을 수 없었기 때문이다.

어쩔 수 없이 비행기 조종사의 꿈은 접었지만, 비행기에 대한 동경은 가슴 한쪽에 살아남아 기회를 엿보고 있었는지 모른다.

중학교 때 우연히 본 잡지를 통해 항공 정비사라는 직업에 대해 알게 되었다. 비행기를 늘 곁에서 보고 만질 수 있는 직업이라니, 너무나 매력적으로 느껴졌다. 당연하게도 나는 항공 정비사라는 직업을 염두에 두었고, 고등학교 때는 혼자서 항공 정비를 나의 진로로 모색하고 있었다. 그러나 교육열이 지나치게 뜨거웠던 어머니는 내 생각과 완전히 달랐다. 어머니의 통제권을 벗어날 수 없었던 나는, 결국 내 미래 설계를 위한 진로 선택 결정을 어머니에게 맡겨야 했다.

"정비사라니? 우리 집 맏아들인 네가 일류 대학에 진학을 해야지! 다시는 말도 안 되는 소리 하지 마라."

어머니의 불호령이 떨어졌다. 어머니에게 반항이라고는 시도조차 해보지 않았던 나는 항공 정비사의 꿈마저 접을 수밖에 없었다. 지금 생각하면 나는, 죽을 뻔했던 나를 부모님이 지극정성을 다해 살려낸 것에 대한 부채감을 가지고 있지 않았을까 싶다. 그래서 되도록 부모님을 실망시켜드리고 싶지 않았던 것이다. 게다가 장남으로 동생들에게 모범이 되어야 한다는 무한 압력을 받으며 자랐으므로 내 마음대로 결정하는 것이 수월하지 않은 성장기를 보낸 탓도 컸다.

어머니는 은근히 서울대학교 입학을 기대하고 있는 눈치였다. 하지만 나는 고등학교 입학 이후 공부에 큰 뜻이 없었고, 그마저도 비행기 조종사에 이어 항공 정비사의 꿈까지 포기하게 되면서 원하는 일을 할 수 없게 되었다는 사실에 낙담한 상태였다. 당연히 학교 성적이 좋을 리 없었다.

지금도 그렇지만, 서울대가 아니면 그다음 순서는 연세대와 고려대였다. 나는 눈치작전 끝에 연세대학교에 입학원서를 냈고, 의외로 경쟁률이 아주 높아진 세라믹학과에서 본고사를 치르게 되었다. 당시 내 기준이기는 하지만, 늘 어렵기만 했던 국어 과목의 문제가 제법 쉽게 나온 반면, 나의 강점이었던 수학과 영어가 어렵게 나왔다. 운이 따라주었던 것일까? 국어를 제외하고는 성적이 제법 잘 나왔다. 그 덕에 연세대학교 세라믹공학과에 입학할 수 있었다.

세라믹이 뭔지도 모르고 입학했지만, 우려했던 것보다 학교생활은 평탄했다. 다만 민주화 운동으로 학교 수업이 자주 휴강되던 탓에 시간이 많았다. 대학생이 되자 고등학생 때까지는 생각조차 못 했던 젊음과 자유를 누리면서, 한편으로는 부모님으로부터 독립하고 싶은 마음이 조금씩 자리 잡기 시작했다. 고등학교 때까지 나를 괴롭혀왔던 건강 문제와 어머니의 교육열로 동반되던 학업 스트레스, 그리고 입시 등으로 억눌려 있던 나의

'끼'가 스멀스멀 올라오기도 했다.

스프레이로 헤어스타일을 고정하고 독특한 캐릭터가 그려진 디자인의 티셔츠를 걸쳐 입은 후, 커다란 주전자에 책 두어 권을 넣어서 어깨에 메고 학교에 가기도 했다.

지금 생각하면 너무 웃기고 어처구니없지만 그때는 그게 내 나름의 멋이었다. 물론 학교 공부는 뒷전이었다. 노는 데 정신이 팔려서 시험 날짜를 잊어버리는 바람에 시험을 보지 못한 적도 있었다. 성적표에 F가 두 개나 있는, 이른바 쌍권총을 차던 해도 있었다. 그렇게 청춘의 열기를 발산하느라 도낏자루 썩는 줄 모를 만큼 시간은 빨리 흘러 어느덧 3학년이 되었다.

대한민국 남자라면 누구에게나 주어진 병역의 의무를 생각해야 할 나이였다. 신체검사를 했다. 두 번의 혈관종양 수술을 받은 탓에 결과는 병역면제였다.

어쩌면 그럴지도 모른다고 생각은 했지만, 막상 병역면제라는 결과지를 받고 나니 기분이 착잡했다. 정상적인 사람이라는 것을 부정당한 느낌이었다. 다른 한편으로는 미뤄둔 숙제를 마무리한 느낌도 들었다.

뜨거운 청춘의 열기를 불사르며 한바탕 열병처럼 지나간 2년간의 대학 생활을 보내고 징집면제로 군대 문제가 해결되자, 미래에 대해서 본격적으로 고민하게 되었다.

'나는 어떤 직업을 가져야 할까?'

'나는 미래에 어떤 모습이 되고 싶은가?'

날이면 날마다 이런저런 현실적인 질문이 머리에서 떠나지 않았다. 처음 입학할 당시만 해도 세라믹공학이 무엇을 공부하는 것인지, 적성에는 맞을지 나름대로 많은 고민을 했지만, 4년을 다니는 동안 뒤늦게 흥미를 느끼게 되었다. 무엇이든 한번 하겠다고 마음을 먹으면 끝장을 보는 성격 덕분이었을까. 세라믹공학에 대한 관심도 커지고 있는 데다 본격적인 공부를 위해 방향을 모색하기 시작했다.

세라믹공학Ceramic engineering은 금속이 아니거나 금속과 비금속 사이에 있는 재료를 개발하고 응용하는 학문 분야로, 입학 당시에는 학과 이름이 요업공학과였다. 요업 하면 도자기 그릇이 먼저 떠올랐던 탓에 "변기 재료 연구하는 학과냐?"라며 놀리는 친구들도 있었다. 지금은 물리, 화학, 전기, 전자공학이 망라된 첨단 소재 공학 분야로 환경, 광학, 핵반응로, 생체용 재료 등 응용 범위가 넓어지고 있다.

세라믹공학에 대해 알면 알수록 흥미를 느꼈고, 좀 더 공부해서 해당 분야에서 전문가가 되고 싶기도 했다.

'그래, 유학을 가자.'

어느 날 번뜩 '유학'이라는 단어가 머리를 스쳤다. 세라믹공학도로서 세상에 없던 기술을 개발하겠다는 연구를 향한 뜨거운 열정이라기보다, 이 세상을 살아가면서 다른 사람과 어깨를 견주고 살기 위해서는 유학이 대안이 될 수 있겠다고 생각했다. 박사 학벌이 있으면 유리하겠다는, 당시의 20대 청년이 내린 고민의 결론이기도 했다.

미국의 세라믹/재료공학과가 있는 여러 대학원에 지원서를 보냈다. 1984년 사우스캐롤라이나주에 위치한 클램슨 대학교에서 장학금을 준다는 입학 허가서가 날아왔다.

지금은 모든 게 전산으로 처리되어 이메일로 손쉽게 받아볼 수 있는 디지털 시대이지만, 당시에는 입학 허가서를 비롯해 필요한 서류는 모두 우편물로 받아야 했다. 이미 마음의 준비를 하면서 기다리고 있던 나는 바로 유학길에 올랐다.

내가 유학을 갈 당시만 해도 클램슨 대학교는 행정적으로 내국인과 외국인의 차이가 크게 없었고 장학금을 받을 수 있는 기회도 적지 않았다.

유학 생활은 순조로웠다. 석사과정을 마친 뒤, 내친김에 박사 학위도 받아야겠다고 마음먹었다. 1986년 펜실베이니아 주립 대학으로 옮겨 박사과정을 이어갔다.

돌이켜보면 석사와 박사 과정 동안 오로지 공부만 했던 기억 밖에 없다. 석사는 유리공학으로, 박사는 복합재료 관련으로 전 공을 정한 뒤 논문을 쓰고 마무리 짓기까지 한눈 한번 팔지 않고 공부에만 몰두했던 것이다.

그 덕분에 서른이 되기 전에 박사학위를 마칠 수 있었다. 박사 학위 논문 심사 중에 포항산업과학연구원에서 이미 입사가 결 정된 상태였으니, 내가 생각했던 20대 고민의 결론에 스스로 성 과를 만들어냈던 셈이다.

Dreaming
Action

2장

꿈을 꾸는 사람만이 미래를 얻는다

한 번에 열리는 문은 없다. 하지만 언젠가는 열릴 것이라고 생각하고
매년 두세 번 이상 유럽에 있는 관련 기업체를 방문해 무료 샘플을 제공하면서
그들에게 위너테크놀로지를 인식시켰다.

고객이 먼저 찾아주는 제품을 만들어라

완벽한 제품은 없다,
그러나 고객의 불만에는 귀를 기울여라

제품을 만들기 시작한 지 3년이 넘어서야 성과가 나타나기 시작했다. 외국 제품과 비교하면 초라하기 짝이 없지만, 그래도 1,700도용 기능으로는 손색없는 성능을 낼 수 있는 히터 생산에 성공한 것이다. 실패를 거듭하며 어렵사리 만들어낸 탓일까. 1,700도 제품도 대단한 쾌거로 느껴졌고, 판매할 만한 히터라는 생각이 들었다.

'제품은 나왔는데 영업을 어디서 해야 하나? 대체 이것을 어디에 팔아야 좋을까?'

수입 제품에 익숙한 국내 고객의 마음을 잡기가 여간 어려운 게 아니었기에 내 머릿속에는 온통 영업에 대한 고민뿐이었다.

매출에 대한 고민은 이제 시작이었다. 아무리 가격 경쟁력이 있는 좋은 제품을 국산화한들 누군가 사주지 않으면 매출을 올릴 수가 없다. 가만히 앉아서 누군가 사러 오길 기다리는 것은 결국 망하는 지름길일 뿐이다.

제품이 출시된 후 처음에는 지인을 찾아가 4개라도, 아니 1개라도 사달라고 부탁했다. 이른바 '지인 찬스'를 쓴 것이다.

"우리 직원들 동기부여 좀 하게 사줘요. 그리고 사실 수입품이 너무 비싸잖아요."

그동안 정부기관 연구소와 과제를 진행하면서 맺어온 친분으로 작은 기업 연구소를 찾아가 우리가 만든 제품을 구매해달라고 요청했다. 아니, 떼를 썼다고 하는 편이 적절할 것이다. 그래도 벤처기업이 만든 건데…….

대량 구매를 할 수 있는 기업이 아니기 때문일까? 실험용으로 소량 구매는 가능하다며 제품을 보고 싶다는 반응이 돌아왔다.

나는 뛸 듯이 기뻤다. 사업이나 자영업 등 창업을 해본 사람이라면 첫 매출을 올려준 고객에 대한 감회가 남다르다는 사실을 알 것이다. 그럴듯한 포장지나 회사 전용 박스도 없던 터라 제품을 대충 종이에 싸가지고 연구소로 찾아갔다. 잘 알던 사이였기에 첫 매출을 올렸지만, 지금 와서 돌이켜보면 그 연구소 반장님은 내 물건을 사주었을 뿐 실제로 사용하지는 않았을 것 같다.

사정이야 어쨌든 간에 지인의 너그러운 인심 덕분에 위너테크놀로지는 첫 매출을 올리게 되었고, 그 후 영업이 본격적으로 이루어졌다.

그렇게 지인들을 통해 소량으로 판매할 수 있었던 것은 연구실용으로 구매해서 실험용으로 사용하겠다는 수요가 있었기 때문이다. 하지만 내가 기대했던 반응은 아니었다.

"아는 사람이라고 해서 제품을 한번 사봤더니 이거 형편없잖아. 이걸 히터라고 만들었어? 한번 쓰고 나니 깨져버렸다고!"

어느 대학 연구소에서는 이런 평가가 나왔다.

"이거 불량이 심한데! 온도가 올라가니까 풍선껌처럼 부풀어 오르네."

다른 기업에서 나온 평가 때문에 또다시 얼굴을 붉히기도 했다.

히터가 깨진다, 버블이 생겨서 쓸 수가 없다…… 돌아오는 클레임은 수십 개가 넘었다.

'이걸 다 어떻게 해결하지?'

'자금은 또 얼마나 투자해야 하는 거지?'

'시간은 또 얼마나 걸릴까?'

'여기가 끝인가, 정말 포기해야 하나?'

솔직히 다리에 힘이 빠져 주저앉고 싶었다. 그동안 흘렸던 피땀 어린 수고와 노력이 물거품이 되는 건 아닐까 하는 걱정과 두려움이 마구 뒤섞여 머릿속에 지진이 난 듯 아무런 생각도 나지 않았다.

그렇다고 포기할 수는 없었다. 어떻게 결심하고 시작한 창업인데.

"사업은 정말 어렵다. 네가 회사에서 주는 돈으로 연구 개발만 했던 것과는 차원이 다를 것이다"라고 말씀하셨던 아버지의 얼굴이 스쳐 지나갔다.

'그래, 한 번 더 해보자. 문제가 있으면 해결할 길도 분명히 있을 거야. 문제는 풀라고 있는 거잖아.'

다시 마음을 다잡고 제품의 공정을 개선하는 데 집중했다. 그렇게 2년을 쉬지 않고 클레임을 해결하기 위해 노력하면서 제품 생산의 공정을 개선해나갔다. 클레임을 개선해야만 불량률을 줄일 수 있기 때문이다.

문제가 해결될 때까지 몇 번이든 부딪쳐라

세상은 무슨 일이든 견디고 버텨내는 사람이 이기게 되어 있다. 문제가 있을 때 회피하거나 도망가지 않고 문제점을 정확히 파악하고 냉철하게 판단하되, 문제 해결 방법을 찾아낸 뒤에는 실행에 옮길 때까지 버티고 견디는 힘이 있어야 한다.

젊은 나이라고 할 수도 없는 마흔, 나는 어느새 중년을 향해 가고 있었고, 하늘을 뚫을 것 같았던 자신감도 조금씩 사그라져 갔다. 만약 그때 내가 조금 더 젊었다면 쉽게 포기했을지도 모른다. 새 직장을 찾을 수도 있었을 것이다.

지금은 40~50대도 젊게 느껴지고 창업도 많이 하는 시대가 되었지만 그 시절 분위기는 젊지도 않은 나를 받아줄 곳도, 돌아갈 곳도 없었다. 오로지 믿을 수 있는 것은 내가 가진 달란트인 근면 성실한 자세뿐이었다. 그것은 어릴 때부터 내 DNA에 새겨진 일종의 문신과도 같았다. 또한 그것은 내가 좌절감을 느끼고 주저앉고 싶을 때마다 다시 새 힘을 얻게 해주는 원동력이 되어주기도 했다.

실패를 거듭하면서 원인을 찾아 계속 시도해나갈 수밖에 없었던 그 시절은 내게 암흑의 시대와도 같았다. 하지만 나는 한

길만 보기로 했다. 즉 포기하지 않고 계속 실험을 했다는 것이다. 그러나 좀처럼 성과는 나오지 않았다.

몇 년이 지나자 모든 부분에서 압박이 느껴졌다. 결과적으로 나는 두 갈래 길에 서 있었다. 지금이라도 포기하느냐, 아니면 계속적인 개발을 통해 문제를 해결함으로써 불량률을 줄이고 고객의 만족을 이끌어낼 수 있는 기술력을 갖추느냐.

그럴수록 나는 더 근면과 성실로 무장했고 악착을 떨었다. 그리고 문제는 반드시 해결될 것이라고 믿었다. 언제든 될 때까지 그 믿음을 지켜나가는 것이 중요했다. 비가 올 때까지 제사를 지내 기필코 비를 만난다는 인디언의 기우제처럼 제품의 클레임을 해결하고 불량을 개선할 때까지 제품 개발을 위한 실험은 계속 이어졌다.

그렇게 꼬박 4년을 버텼다. 그러면서 위너테크놀로지는 공정을 개선해나갔다. 신기하게도 그러는 과정에서 수십 개가 넘던 클레임이 대부분 해결되었다. 이래저래 클레임이 속출했던 문제는 모두 공정에 있었던 것이다. 고온 발열체, 즉 히터에 기포가 생기거나, 발열부와 비발열부의 접합이 잘 되지 않거나, 혹은 히터가 깨지거나 하는 문제가 공정을 개선하니 거의 해결되었다. 어디서 해결점을 찾아야 하는가, 어떤 식으로 어떻게 해결해야 하는가도 중요하지만, 무엇보다 중요한 것은 해결될 때까지 끈질기게 반복해야 하는 실험에 지쳐서는 안 된다는 사실도 알게 되었다.

연구 개발의 중요성을 더욱더 실감하지 않을 수 없었다. 부품 소재 산업에서는 특히 원자재를 모두 수입에 의존해야 하니 다른 산업 분야와 비교하면 출발부터가 달랐다. 그러므로 기술로 승부해야 한다. 결국 연구 개발만이 국내에서 살아남을 수 있는 전략인 것이다. 그러나 그것은 명분에 불과했다. 당장 눈앞에 놓인 수많은 과제는 어떻게 풀어나가야 할 것인가?

그 과제들의 해법은 회사 대표의 관심 사항을 어떻게 직원들과 공유하며 소통하느냐에 달려 있다고 보았다. 그런 까닭에 생산 과정에서 직원들과 함께하며 공정에 대해 고민했고, 작업자의 말 한마디 한마디에 귀를 기울이기 시작했다. 대표가 개발의 방향과 투자 결정을 하기 위해서는 담당자들의 목소리를 경청하는 것이 먼저였다. 중소기업이 자신의 기술을 확보하기 위해서는 힘들어도 연구 개발을 게을리해서는 안 되며, 중단해서도 안 된다는 것을 깨달았다.

마흔이 되기 전이었던 2000년에는 1,700도 고온에서 견디는 발열체를 국산화한 실적으로 신기술 NT 마크를 획득하는 쾌거

를 달성했다. 제품 판매와 제조 사이클이 움직이면서 회사 매출
도 조금씩 늘어났다.

국내는 좁다, 세계에 도전하라

위기와 기회는 항상 함께 온다

창업을 결심하던 해는 IMF 외환위기가 터진 시기였다. 1997년 11월 21일 정부의 IMF 구제금융 요청이 언론에 공식 보도된 이후 국민들은 그날을 '경제 국치일'이라며 한탄했다. 외환보유고는 거덜이 났고, 금융권이 속절없이 무너지면서 강건해 보였던 대기업들마저 줄도산을 하면서 실업자들이 속출하게 되었다.

IMF 외환위기가 터지고 국가 부도 사태를 직면하게 되면서 정권이 교체되는 상황을 지켜보았다. IMF 외환위기 당시 금융권은 더 이상 대출이 불가능해졌고, 기업은 수익을 내면서도 부도가 날 수밖에 없는 흑자도산이 이어졌다. 당시 하루 평균

138개 업체가 쓰러진 것으로 조사되었다.

나는 허름한 공장에서 연구 개발을 하던 터라 다행히 외환위기의 파고에 영향을 받지 않았다. 경비를 최소화하고 퇴직금을 비롯해 내 개인 재산을 털어 원료비로 충당하면서 직원 월급을 주던 시기였으므로 큰돈이 들어가지 않았던 것이다.

만약 그 당시에 제품이 완성되어 판매를 시작했다면, IMF 외환위기가 닥치자마자 그대로 쫄딱 망하는 수밖에 없었을 것이다. 나라가 부도나서 전 국민이 슬픔에 빠져 있을 때, 나는 인천 남동공단의 한 3층 공장에서 제품 개발에 열을 올리느라 쓰나미처럼 밀려왔던 외환위기를 무사히 넘길 수 있었다.

위너테크놀로지에서 국산화한 초고온 세라믹 발열체는 바이오 분야에서 응용하는 장치로 인공 치아를 제조하는 열처리 설비용으로 쓰인다. 치아가 닳거나 상하면 금이나 세라믹 등으로 인공 치아를 만들어서 교체하거나 덮어씌우게 되는데, 인공 치아를 만들 때 본을 뜬 세라믹을 고온에서 굽는 과정을 거쳐야만 한다.

그때 고온에서 치아를 굽는 장치 속에서 열을 내는 기능을 담당하는 부품이 바로 초고온 세라믹 발열체, 즉 히터이다. 치과의사나 치기공사들이 인공 치아를 본뜨고 난 뒤 치아의 형태를 구

"경제 국치일이다."

정부가 21일 밤 결국 국제통화기금(IMF) 구제금융을 신청키로 했다고 공식발표하자 시민들은 "어쩌다 우리 경제가 이 지경이 됐느냐"며 충격을 감추지 못했다. 특히 구제금융의 규모가 60조~70조 원에 달하자 "'주식회사 한국'의 부도 규모가 이렇게 크냐"며 부끄러워했다. 시민 ○○○ 씨는 "우리 경제 정책 등이 선진국의 간섭에서 벗어날 수 없게 될 것"이라며 이날을 '경제 국치일'로 생각해야 한다고 개탄했다. 한국노총 최재열 홍보국장은 "우리 정부의 경영 능력이 형편없는 낙제 수준임이 드러나 너무 슬프다"며 "이 같은 미봉책에 뒤따르는 부작용까지 우려된다"고 말했다.

- 중략 -

고려대 영문과 여홍상 교수는 "경제가 진작부터 벼랑에 처했는데도 정부가 일찍부터 개입해 해결하려는 노력을 보이지 않은 점이 이해되지 않는다"고 비난했다.

시민들은 한결같이 이제부터라도 전 국민이 외국여행 자제, 에너지 아껴 쓰기 등 달러 아끼기와 근검절약 생활화 등으로 이 경제난국을 이겨나가야 한다고 입을 모았다.*

• "IMF 구제금융 요청 소식에 시민들 개탄·한숨", 『중앙일보』, 1997.11.22.

국제통화기금(IMF) 체제가 시작된 이후 부도 업체 수가 1만 개를 돌파, 하루 평균 1백38개 업체가 쓰러진 것으로 파악됐다. 그러나 지난달까지 고공행진을 지속하던 어음부도율은 3월 들어 약간 주춤하는 추세다.

한국은행은 30일 IMF 체제가 시작된 지난해 12월부터 지난달까지 3개월 동안 전국에서 9천8백97개 기업이 부도를 내고 쓰러진 데 이어 이달 들어 지난 25일까지 서울에서만 8백31개 업체가 부도를 냈다고 발표했다.

- 중략 -

IMF 긴급자금을 받기 이전인 지난해 9월부터 11월까지 세 달 동안 하루 평균 56개 업체(3개월 총 4천1백39개)가 부도를 낸 것과 비교하면 3배 가까이 늘어난 수준이다.

지난 2월 중 전국 어음부도율(전자결제액 조정 후)은 0.62%로 전달의 0.53%보다 0.09%포인트 높아졌다.

한은은 대구종금 및 삼양종금의 추가 영업정지로 금융기관 부도 금액이 늘어난 데다 경기침체 지속으로 소규모 영세기업의 부도가 증가, 어음부도율이 다시 높아졌다고 설명했다.

특히 지방의 어음부도율은 1.21%를 기록, 작년 12월 이후 3개월째 1%를 넘고 있다.

그러나 3월 들어 지난 25일까지 서울지역 어음부도율(전자결제액 조정 전)은 0.48%로 전월 같은 기간의 0.59%보다 낮아졌다.*

위내는 소형 설비에서 열을 내는 히터는 필수 소모품이며, 사용 조건에 따라 1년에서 1년 6개월마다 정기적으로 새 제품으로 교체해야만 하는 부품이다. 마치 프린터의 토너를 교체하듯이 히터의 수명이 다하면 새것으로 갈아 끼워야 하기 때문에 정기적인 수요처를 확보할 수 있다.

문제는 영업이었다. 부품을 생산하는 기업을 찾아 나서기에 앞서 친분이 있던 연구소의 알고 지내는 연구원들을 찾아가기로 했다.

우리나라 대부분의 중소기업이 겪는 수많은 고충 중에서 단연 최우선 순위로 손꼽는 것은 안정적인 판매처를 확보하지 못하는 것이라고 장담한다. 대기업에 제품을 납품하는 중소기업은 경영이 안정적이라고 한다. 그렇다고 해서 납품업체 대표들의 고충이 없는 것은 아니다. 납품하는 대기업의 담당 직원들에게 굽실거리며 구매서에 사인을 받고, 저녁이면 그들에게 "잘 봐달라"거나 "다음에도 구매할 때 잊지 말아 달라"며 넥타이를 머리에 질끈 동여매고 노래와 춤으로 여흥을 돋워가며 접대를 해야 했다. 게다가 접대가 끝나고 돌아가는 길에는 선물 꾸러미

• "IMF 이후 부도업체 1만 개… 하루 평균 183개 업체 쓰러져", 『한국경제』, 1998.3.31.

를 건네며 손바닥깨나 비벼야 한다고도 했다.

그것은 진정한 자본주의 사회에서 이루어지는 기업의 마케팅이라고 할 수 없다. 이와 같은 접대로 이어지다보면 당연히 비리가 생길 수밖에 없다. 한정된 자금에서 영업에 지나치게 돈을 쏟아붓게 되면 정작 제품 개발에 투자해야 할 돈에 손을 댈 수밖에 없기 때문이다.

요즘은 그와 같은 영업 행태를 거의 볼 수 없는 분위기이지만, 예전에는 거의 대부분 "좋은 게 좋은 거지"라는 식으로 넘어가곤 했다.

기술로 제품을 평가하고, 제품이 필요하면 구매하고, 구매한 회사는 납품한 회사에 정당한 대가를 지불하면 그만이다. 물론 즐거운 마음에 한잔할 수는 있겠지만, 판매를 담보로 행해지는 일방적인 접대와 아부는 건강한 자본주의 사회를 만드는 데 재를 뿌리는 것과 다를 바 없다.

그럼에도 불구하고 우리가 힘들게 완성해놓은 제품을 그들이 구매해주지 않으면 사업 자체가 망할 수도 있었다. 나와 직원들의 생사여탈권을 쥐고 있었기에 울며 겨자 먹기 식으로 영혼을 털어가며 접대를 할 수밖에 없었다. 이런 게 구매자들의 갑질이 아닐까?

시야는 넓게, 글로벌 무대로 눈을 돌려라

연구실이라는 온실을 박차고 뛰쳐나온 만큼 약육강식이라는 민낯이 판치는 야생에서 살아남기 위해서는 생존 방법을 찾을 수밖에 없었다. 아니, 그런 납득하기 어려운 접대 방법을 몰랐다는 것이 적절한 표현일 것이다. 예전에는 생각지도 못했던 고민이 생겼다.

'술도 못 마시는데, 진짜 술 상무를 둬야 하나……'

'언제까지 이런 비굴한 영업을 계속해야 하나……'

'한국이라는 좁은 시장에서 영업을 한다고 해서 얼마나 매출을 올릴 수 있을까?'

'어떻게 하면 지속가능한 성장을 이뤄낼 수 있을까?'

'시장의 파이는 어떻게 찾아서 키워나가야 하는 걸까?'

이런 식의 고민이 꼬리에 꼬리를 물었다. 하지만 언제까지 고민만 하고 있을 수는 없었다. 나라는 개인이 아닌 회사의 대표로서 어떻게 하는 것이 지속가능한 회사를 만들 수 있는지에 방점을 놓고 생각하니 답이 나왔다.

'그래, 해외로 나가보자.'

이것이 오랜 고민 끝에 내린 결론이었다. 우리나라 밖에서 길을 찾아보기로 한 것이다. 국내 영업이 어려워서가 아니라 매출을 늘리고 수출하는 기업의 이미지도 멋져 보였던 까닭에, 작더라도 우리 회사를 글로벌 기업으로 만들고 싶었다.

해외에는 초고온 발열체를 필요로 하는 기업들이 많았으므로, 그중에는 우리 제품을 사용해줄 기업들이 분명 있을 터였다. 또 치과 분야 수요처도 성장 중이었으므로 그것을 염두에 두고 시장을 찾다보면 길이 열릴 것 같았다.

마침 치과에서 사용하는 치아 및 임플란트 수요가 국내에서 심상치 않은 성장세를 보이고 있었다. 해외에서도 마찬가지일 테니, 우리는 해외로 먼저 눈을 돌리는 게 낫겠다는 판단이 섰다. 하지만 당시 1,900도까지 올라가는 히터는 연구 개발 단계에 머물러 있는 상황이었다.

그렇다고 해서 그쪽으로 향하는 문이 저절로 열리거나, 열린다고 해도 장밋빛 미래가 보장되는 청사진을 쫙 펼쳐 보여주는 것은 아니다. 그러나 1,800도 히터를 구실 삼아 세계 시장에 진입하면서 1,900도 히터를 사용하는 곳에 관련된 정보를 듣고 싶었다. 일본은 물론 유럽에 대한 정보수집도 필요했다.

창업한 지 5년쯤 되던 2000년 초, 정확하게는 2001년 7월 초에 열처리 관련 전시회인 '서모테크 저팬THERMOTECH Japan'에 가

보기로 했다. 일본 공업로협회가 주관하는 서모테크는 도쿄에서 4년마다 한 번씩 열리는데 공업로, 열처리, 버너, 발열체, 열 관리 프로세스, 주변기기를 한눈에 볼 수 있는 중요한 전시회였다. 그곳에서 판로를 찾아보겠다는 생각이었다.

초기에 위너테크놀로지가 만들었던 제품은 양산 설비 기계에 들어가는 부품이었으니 지금처럼 디자인이 깔끔하지는 않았다. 하지만 그동안 국내 판매를 통해 발생했던 문제점을 거의 대부분 해결한 터라 제품의 기술력에는 어느 정도 자신감이 생기던 차였다.

내세울 만한 것 하나 없던 그때, 그곳에서 나는 평생의 은인을 만났다. 전기로 열처리를 하던 회사인 교에이덴키의 우시다 사장이다. 그는 나보다 열 살 이상의 연배로 보였다.

그는 초고온 발열체 시장에서 독점하고 있던 스웨덴 K사의 영업에 대해 잘 알고 있었다. 내가 찾아가 제품을 소개했더니, 한참 설명을 듣고 나서 흔쾌히 제품을 구매해주었다.

하지만 교에이덴키에 판매한 우리 제품에 툭하면 문제가 생겼다. 히터가 부러지거나 어떤 문제로 망가지는 것이었다. 나는 히터에 문제가 생겼다는 연락이 오면 새 히터를 들고 곧바로 일본행 비행기에 올랐다. 문제점을 확인하고 정중히 사과한 뒤, 제품 AS를 하고 샘플을 건네주고 오는 일을 옆집 드나들 듯 했다.

그렇게 성심성의껏 제품을 설치해주고 문제가 생길 때마다 한달음에 달려와서 문제를 해결해나가는 상황을 지켜본 우시다 사장은 사업에 임하는 나의 진정성을 높이 사주었던 것 같다.

어느 날 우시다 사장이 나에게 이렇게 말했다.

"한 대표, 장삿속으로 회사를 운영했으면 이렇게 힘들게 하면서 새로운 제품, 출장 경비 등을 포함해 손해를 보지 않았을 거요……. 그런데 돈보다 먼저 고객에게 신뢰를 얻기 위해 열심히 노력하는 그 모습이 나는 참 마음에 들고 좋았소."

그러고는 초고온 발열체 제품을 다른 회사에 소개해주었다. 그의 호의와 격려에 나는 천군만마를 얻은 듯한 기분이었다. 그 이후 그는 내가 힘들 때마다 응원해주는 든든한 친구이자 지원군이 되어주었다.

"나를 믿고 계속 기술을 개발해나가면 분명 좋은 성과를 얻을 테니, 여기서 중단하지 말고 연구 개발을 계속해나가시오."

그러고 나서 그는 나에게 1,700도를 견디는 히터를 개발했다고 자만하며 여기에서 연구 개발을 멈춰서는 안 된다고 당부했다. 한편으로는 불량률 제로에 도전하면서, 다른 한편으로는 1,800도, 1,900도 히터를 반드시 만들어내어 세계 최고가 되라는 게 그의 충고이자 따스한 격려였다.

우시다 사장은 소재 부품 강국 일본에 수출 길을 열어준 내 사업의 은인이자 나의 진심을 알아준 사람으로, 지금까지도 인연을 이어나가고 있다. 일본 출장을 가면 우시다 사장의 가족과 함께 저녁 시간을 보낼 만큼 서로 믿고 의지하는 소중한 사이가 되었다.

까다로운 일본 시장부터 공략하라

우리 제품을 들고 일본의 다른 전시장에도 참가했다. 2003년 4월 일본 도쿄에서 열리는 '일본 국제 세라믹 종합전'에 참가하기 위해 한국전시산업진흥회의 지원을 받기도 했다. 일본을 수시로 드나들고 기업을 대상으로 하는 전시회에도 참가하면서 매출이 조금씩 성장하기 시작했다.

일본에 수출한 실적이 조금씩 쌓이고 문제점을 해결해나간 덕분에 기술력이 탄탄해지자, 이를 바탕으로 유럽 시장 진출을 숙고하게 되었다.

하지만 유럽은 일본과 달랐다. 일본처럼 가깝지 않아 출장을 다니기도 쉽지 않았고, 공업로와 같은 열처리 설비 관련 업체를 대상으로 하는 중소기업 규모의 기업이 아니라 대기업이 포진하고 있어 시장을 뚫기가 어려웠다.

"우리가 관심 있는 제품은 덴탈 관련 제품이니 1,900도를 견디는 히터가 나오면 연락하세요."

내가 우시다 사장의 우정 어린 격려와 신뢰를 바탕으로 한 지원에 힘입어 일본 시장에 공들이고 있는 사이에 우리 회사 직원들은 유럽을 둘러보고 있었다.

계약하기도 쉽지 않은데 대표라고 해서 나들이하듯 출장을 다닐 수는 없었다. 게다가 스웨덴의 K사와 오랫동안 거래를 유지해온 탓에 유럽의 고객들은 한국산 제품에 대해서는 아는 바가 없었다. 아니, '우리 제품에 대한 믿음이 없었다'는 표현이 더 적절할 것이다.

한 번에 열리는 문은 없다. 하지만 언젠가는 열릴 것이라고 생각하고 매년 두세 번 이상 유럽에 있는 관련 기업체를 방문해 무료 샘플을 제공하면서 그들에게 위너테크놀로지를 인식시켰다. 그때만 해도 품질은 스웨덴 K사에 밀리고, 가격은 중국 제품에 비해 비쌌으므로 경쟁력을 갖췄다고 말하기 어려웠다.

그렇게 일본의 공업로 등 중소기업에 필요한 부품 개발 및 개선에 집중하면서, 한편으로는 유럽 시장을 공략하기 위한 업체 방문 등을 성실하게 꾸준히 이어나갔다.

다른 한편으로는 국내 인공 치아 시장도 주시했다. 이 역시 영업이 뒤따라야만 했다. 특히 치과의사나 치기공사를 설득하려면 맞춤 영업을 해야 했다. 그런데 중소기업 제품이라고 해서 제품의 기술력이나 디자인 같은 외형을 낮게 평가하는 경우가 많았다. 그러다 보니 무조건 가격을 깎고 보자는 상대측의 의도를 받아들이기가 힘들었다.

'내가 어떻게 만들어낸 제품인데……'

비가 새는 공장 한쪽에서 숙식을 해결하며 밤을 새우기를 밥 먹듯 하면서 만들어낸 제품이었다. 그런데 기술력을 제대로 평가하지도 않고 무조건 낮춰서 보려는 시선과, 제품 가격 후려치기로 회사를 얕잡아보는 구매자들이 원망스럽기만 했다.

그 대신 유럽 시장을 좀 더 적극적으로 개척해보기로 했다. 스웨덴의 K사가 독점하고 있던 그 시장, 나로 하여금 창업을 하게 만들고 없는 독기까지 뿜어내게 했던 그 회사가 있는 유럽에서 판로를 이어가기로 마음먹었다.

그러려면 1,900도까지 버티는 히터를 만들어야 했다. 쉽지 않겠지만 부딪쳐보기로 내부적으로 결정을 내렸다.

다시 1,900도에 도전했다. 기존의 공정을 개선해나가면서 물성을 조절하며 실험을 계속했다. 더불어 유럽에서 열리는 치의학 관련 박람회를 찾아보기 시작했다. 그중 대표적인 박람회가 독일 쾰른에서 열리는 국제 치과 쇼였다.

치과 쇼에 참석해 어떤 회사들이 전시에 참가하는지 둘러보았다. 치과에서 쓰는 소형 전기로를 만드는 회사들이 눈에 들어왔다. 다짜고짜 부스를 찾아가 기웃거리며 제품을 살펴보았다. 온도를 올리는 히터를 소모품으로 쓰고 있는 듯해 우리 제품을 소개하기로 했다.

그들에게 우리 제품을 소개하는 차원에서 첫 미팅을 했고, 다행히 반응이 나쁘지 않았다. 결과적으로는 200~300만 원에 육박하는 제품을 업체들에게 무료 샘플로 제공하면서 그들을 통해 피드백을 받기로 했다.

처음에는 큰 기대를 하지 않았다. 하지만 천 리 길도 한 걸음부터가 아닌가. 나는 1,900도까지 열을 내며 견디는 히터, 그것도 불량을 최소화한 히터라며 우리 제품을 한참 동안 소개했다. 스웨덴의 K사와 견주어도 뒤지지 않는 제품이라는 점도 잊지 않고 어필했다.

그들은 한국에서 건너온 처음 들어보는 회사의 낯선 제품에 대한 설명을 반신반의하면서 들었고, 설명이 모두 끝난 후에는 표정 없는 낯빛으로 나를 쳐다보면서 테스트를 해보고 연락해 주겠다는 시큰둥한 대답만 남긴 채 사라졌다.

그렇게 5년간을 유럽의 몇몇 기업에 치과용 초고온 설비에 사용하는 히터 샘플을 무상으로 제공하면서 혹독한 피드백을 받았다.

하지만 오랫동안 피드백을 통한 결과물은 자신감을 가지기에 충분했다.

"그래, 이거다. 수출을 본격적으로 해보는 거야!"

힘들지만 보람 있고 힘든 만큼 성과를 우리 손으로 만들어낼 수 있다는 것, 그것은 우리 직원들에게 크나큰 자신감을 안겨주었다. 거기에 기술력을 향상시키고, 이를 통해 고객의 만족도를 높일 수 있다면 세계 시장 공략은 가능하다는 판단이 섰다.

최선을 다하면 최고가 되기 쉽다

노력은 배신하지 않는다

일본 기업들을 대상으로 수출하면서 지난 수년간의 공정 과정을 개선해나간 덕분일까? 무료 샘플을 써보던 유럽 기업들이 가격 경쟁력과 기술력에서 어느 정도 인정을 한 것인지 연락이 왔다. 위너테크놀로지의 히터를 한번 사용해보고 싶다는 요청이었다.

나는 곧바로 가방을 싼 후 유럽행 비행기에 몸을 실었다. 주문한 독일 업체는 인공 치아를 만드는 소형 전기로를 제작하고 판매하는 업체로, 그들의 주요 고객은 치과의사와 치기공사였다. 소형 전기로에 들어가는 히터로 위너테크놀로지의 제품을 써보겠다는 그들은 이미 우리 제품을 꼼꼼하게 테스트하는 한편으로, K사의 제품과 비교 검증을 마친 뒤 결정을 내린 것이었다.

예전에 샘플을 건넸을 때는 분명 무표정에 시큰둥해하던 사람이 제품을 들고 찾아간 나를 보자마자 활짝 웃어주었는데 적응이 되지 않았다. 같은 사람이 아닌가, 하고 고개를 갸웃할 정도로 그는 나를 반갑게 맞이해주었다.

처음에는 히터를 소량으로 주문했지만, 제품의 불량률이 스웨덴의 K사와 견주어도 비교가 되지 않을 만큼 낮다는 사실을 확인한 후 그들은 우리 회사와 파트너십을 맺고 싶다고 했다.

내 눈으로 보고 귀로 직접 들은 주문 요청이었지만 믿기지 않았다. 주문의 규모와 상관없이 세상을 다 가진 듯한 기분이었다.

그 이후로 좋은 소식이 연이어 이어졌다. 2013년 10월에는 이탈리아의 한 업체로부터 우리 제품이 자사의 치과용 초고온 히터로 적합하다며 발주를 하겠다는 연락이 왔다. 한 번에 약 6,000만 원의 발주였다. 그사이 일본에서도 주문을 받은 터라 수출 성장 가능성은 우리를 더욱 고무시켰다.

이듬해 독일의 어느 업체에서는 연간 계약으로 3억 원 정도의 주문서를 보내겠다는 연락이 왔다.

현재 가장 많은 제품을 수입하고 있는 오스트리아의 업체는 우리가 유럽 출장을 갈 때마다 미팅을 요청했어도, 위너테크놀로지 제품을 사용할 의사가 없다면서 우리와의 미팅을 한결같이 거부해왔던 곳이었다.

2016년 11월 처음으로 그 오스트리아의 업체를 만났을 때, 그렇게 쌀쌀맞게 굴던 그들이 우리 회사 제품을 200만 원어치 발주했다. '고작 200만 원?' 하는 마음이 들 수도 있지만, 그때 내게는 선물과도 같은 너무나 고마운 발주였다. 그들은 2년이 지난 2018년 1월에는 3,500만 원으로 발주 규모를 늘리더니, 지금은 연간 10억 원이 넘는 규모로 주문하는 우리 회사의 최대 고객이 되었다.

참으로 오랜 기간 외면당하면서도 버텨냈기에 이루어낸 성과가 아닐 수 없다. 지금은 위너테크놀로지의 최대 고객이라는 현실에 그때의 섭섭함과 원망은 눈이 녹듯 사라져버렸다.

나중에 알게 된 사실이지만, 우리가 무료로 건넨 샘플을 회사 내에 있는 연구 개발 팀에서 지속적으로 테스트를 해왔다고 한다. 그들은 오랫동안 스웨덴의 K사 제품을 사용해왔던 탓에 쉽사리 히터를 바꿀 수 없었을 것이다. 잘 알지도 못하는 한국의 작은 업체가 찾아와 미팅을 요청하고 샘플을 건네주었으니 신뢰하기 어려웠을 것이다. 하지만 그들은 연구 개발 팀에서 마친 테스트 결과를 보고 놀랐다고 한다.

결국 그들은 위너테크놀로지의 제품이 가격 대비 성능이 월등하게 뛰어나다는 사실, 이른바 가성비가 높다는 사실을 확인하고 인정한 뒤에 최종 결정을 내린 것이다. 그 이후 그들은 우리 제품의 성능에 딴지를 걸거나 마케팅 비용을 요구하는 행태는 한 번도 보이지 않았다.

이제 출장을 갈 때마다 제품에 대한 만족도는 물론 추가로 원하는 성능 개선 사항이 있는지 등 고객들의 니즈를 파악할 수 있는 바로미터로 활용하는 곳이기도 하다. 상호 간의 신뢰가 쌓이면서 미팅 시간에는 클레임과 같은 논쟁으로 소중한 시간을 낭비하지 않게 되었다.

"Welcome, Winner Technology."

그곳을 방문할 때면 건물 입구에 걸린 LED 전광판에 적힌 따뜻한 환영 메시지가 우리를 반긴다. 이런 걸 두고 격세지감이라고 하는 걸까?

건물 입구에 환영 메시지가 걸리기 시작한 건 그리 오래된 일이 아니다. 그들은 코로나19가 발생하기 전인 2018년부터 위너테크놀로지 제품을 완전히 신뢰하고 있다는 느낌이 들었다.

우리 제품을 꾸준히 구매해주는 고객, 그것도 글로벌 시장의 주요 고객인 그들은 우리 제품에 대한 평가는 물론, 혹시 발생할 지도 모르는 소소한 문제점을 미리 파악할 수 있는 대상이므로 함께하는 자리는 늘 긴장되면서도 반갑다.

하지만 그들이 우리의 든든한 지원군이라는 생각을 하면 한 없이 고마운 마음이다. 우리 위너테크놀로지를 믿고 꾸준히 제품을 구매해주는 이런 해외 기업들이 우리의 뒤를 받쳐주고 있기에 오늘도 그곳으로 향하는 발걸음이 가벼울 수밖에 없다.

'갑'과 '을'은 한 끗 차이다

"닥터 한, 우리 회사가 내년에는 발주량을 조금 늘리려고 해요. 그런데 가격에 변동이 있는지 궁금하네요."

"가격을 유지한다면 무엇을 해줄 수 있나요?"

"음…… 가격을 유지해준다면 주문량을 20퍼센트 정도 늘리려고 합니다."

2022년 10월 유럽으로 출장을 갔을 때 한 고객사와 나눈 대화다. 한참 고민을 할 수 밖에 없었다. 우크라이나와 러시아 간의 전쟁으로 물류비용은 물론 원자재 가격이 상승하고 인건비마저

오르고 있는 마당에 공급가격 유지라는 제안에 대한 협상이 쉽지 않았다. 회사의 대표가 고객사를 방문했을 때 이 같은 대화가 오간다면, 그 자리에서 결정하는 것이 고객사에게 큰 신뢰를 줄 뿐 아니라 협상을 빨리 매듭짓는다는 것을 나는 잘 알고 있다. 고민 끝에 나는 "OK"라고 웃으면서 대답했다.

속으로는 온갖 고민이 샘솟았지만, 일단 흔쾌히 받아들였다. 올해 초 그들은 약속대로 주문량을 20퍼센트 더 늘린 발주서를 보내왔다.

내가 해외 업체를 직접 방문하는 것은 미팅에서 그때그때 결론을 내려주기 위해서이다. 가격이나 무상 샘플 제공, 차세대 제품 개발에 필요한 공급 등에 대한 결정을 그 자리에서 바로 내려준다. 절대 회사에 복귀해서 검토하고 답변을 해주겠다는 등의 밀당은 하지 않는다. 그것은 거래처들이 나를 신뢰하는 이유이기도 하고, 동행한 우리 임직원들에게 가르침을 주는 마케팅 전략 중 하나이기도 하다.

미국과 중국 간의 무역 갈등, 우크라이나 전쟁으로 인한 원료값 폭등과 같은 악재로 세계 경제에 적신호가 켜졌다. 코앞에서 벌어진 우크라이나와 러시아의 전쟁을 지켜보고 있는 유럽 국가들의 긴장감은 더욱 팽배해져 있었다. 이로 인해 전반적으로 유럽 국가들의 경기가 침체되어 있을 것이라고 짐작은 하고 있었다. 다행스러운 사실은 우리의 주요 고객들은 발주량을 줄이기는커녕 오히려 늘리고 있는 추세라는 점이다.

돌이켜보면 해외 시장을 일찍 공략한 것은 신의 한 수였다는 생각이 든다. 만약 국내 시장을 계속 공략했다면 끊임없는 영업의 굴레에서 벗어나기 어려웠을 것이다. 밤낮없이 술잔을 기울이느라 몸과 정신은 피폐해졌을 테고, 기대에 못 미치는 결과에 안주하다가 나락으로 떨어졌을 수도 있다.

해외 시장 공략은 단순히 해외 수출로 매출을 올리는 것보다 수출할 수 있는 제품을 만들기 위해 직원들과 다시 마음을 다지는 계기가 되었다는 사실이 더 중요한 점이라고 할 수 있다.

그런데 지금 우리 위너테크놀로지는 세계 시장에서 '갑' 같은 '을'이 되었고, 이제는 우리나라보다 해외에서 더 잘 알려진 기업으로 우뚝 섰다.

비록 위너테크놀로지가 수천억 원 또는 수조 원 규모의 매출을 자랑하는 중견기업이나 대기업은 아니다. 하지만 글로벌 시장을 무대로 한 기술 중심의 수출 주력 기업이 되겠다는 어려운 길을 선택했고, 그 길을 함께 묵묵하게 걸어온 직원들이 있었기에 오늘날 순익을 내는 기술 중심의 제조 회사가 되었다. 그리고

무엇보다 '진정성 있는 기업이 되자'를 모토로 삼아왔고, 그것이
오늘의 위너테크놀로지를 만들었다고 자부한다. 실력으로 승부
하는 것이 최선이다. 그것이 곧 애국하는 길이라고 믿고 있다.

돈은 현명하게 써야 한다

대한민국은 민주공화국이며 자본주의 사회다. 이 정의에 딴
지를 걸 생각은 없다. 자본주의 사회에서 돈이란 중요한 재화이
기에 많은 것을 누리고, 또 원하는 일을 할 수 있게 해주는 자원
이라는 사실은 분명하다.

돌이켜보면 지금까지 한 번도 돈에 큰 욕심을 가져본 적은 없
다. 내 인생의 목표가 돈을 많이 버는 것은 아니라는 말이다. 포
항에 있을 때도 인천에 있을 때도, 그리고 평택에 공장 부지를
매입할 때도 부동산 투자에 대한 유혹과 정보에 휘말리지 않고
생산장비 연구 개발비에 투자를 해온 어리석음(?)을 보였다. 주
변에서 사업하시는 분들이 본업보다는 부동산으로 많은 돈을
벌었지만 나는 그것이 조금도 부럽지 않았다.

당연히 사업을 하겠다고 마음먹었을 때도 큰돈을 벌겠다는

결심으로 연구소를 박차고 나온 것은 아니다. 더구나 내 인생의 첫 직장이자 마지막 직장이었던 RIST는 월급쟁이로서는 최고의 회사였다. 그러던 내가 30대 후반에 안락하고 편안했던 RIST를 뛰쳐나와 허름하다 못해 당장 무너져도 이상하지 않을 것 같은 낡은 공장에서 처음으로 돈이 없는 설움을 겪어봤다.

직원들의 월급을 걱정하며 연구 개발과 보고서 작성으로 힘겨운 시절을 견뎌야만 했던 창업 초기에도 제품만 생산되면 큰돈을 벌 것이라는 목표를 세우지는 않았다. 기술 독점으로 횡포를 부리던 스웨덴 회사를 이길 수 있는 기술을 기어코 획득해 국산화에 성공하고 말겠다는 그 목표 하나뿐이었다.

'나머지는 어떻게 되겠지.'

지금 생각하면 참 무모했다. 창업을 하겠다고 선언했으면서 목표를 세우고 비전을 설정한 뒤 계획에 따라 차근차근 하나씩 단계별로 이루어나가지는 못할망정 무작정 세상을 향해 덤벼든 것이나 다름없었다.

'기술의 국산화'라는 단 하나의 키워드가 내 인생을 바꿔놓은 것이다. 내 속에 그렇게 강한 결단력이 자리하고 있었는지, 그 일이 일어나기 전까지는 나도 알지 못했다.

하지만 '기술의 국산화'라는 목표는 막다른 길에 부딪쳐 주저앉고 싶고 싶을 때마다 나를 일으켜 세우는 희망이 되었고, 그 희망은 나의 고단한 육신을 이끄는 에너지가 되었다.

나에게 돈이라는 것은 인생에 안정감을 보장해주고 가끔 여행을 떠날 정도의 여유를 누릴 수 있는 풍요로움 그 이상도 이하도 아니다.

이 세상의 모든 사람들이 큰돈을 벌 수 있는 능력이 있다고 생각하지는 않는다. 누군가는 태어날 때 재력을 갖고 태어나고, 혹은 부모 찬스를 쓸 수 있을 만큼 재산을 물려받는 등 재력이 재능이 된 사람도 있을 것이다. 한편으로는 재력을 가진 사람이 안정적인 일자리를 만들어내고, 또 여러 가지 교육 프로그램을 지원해 수많은 사람들이 혜택을 누릴 수 있게 어느 정도 돌아가는 것을 자본주의 사회 구조라고 생각한다.

자칫 부모로부터 물려받은, 타고난 재력을 마치 자신의 소유물인 양 착각하면서 회사를 경영하는 기업 오너들의 꼴불견 행태가 뉴스에 가끔 보도되기도 한다. 회사를 키우는 데 직원들의 노력과 수고가 있었음에도 불구하고 그들의 존재 자체를 잊어버리거나, 회사에서 '왕' 노릇을 하며 직원 위에 올라서려는 작태가 눈살을 찌푸리게 한다.

기업은 어느 정도 규모가 되면 대부분 법인으로 전환한다. 세금 인하를 비롯해 정부의 정책적 혜택을 받을 수 있을 뿐 아니라 기업을 관리하고 성장시키는 데도 큰 도움이 되기 때문이다.

그런데 법인으로 전환해놓았음에도 불구하고, 아직도 자신이 기업의 주인인 양 행세하는 경우가 비일비재하다. 임직원에게 막말을 하고 그들을 노예처럼 부리며 갑질을 일삼다 언론에 보도되는 기업도 심심찮게 볼 수 있다.

게다가 사장, 회장 혹은 고문의 직함으로 자신을 법인 회사 등기부 등본에 올려놓고 회사의 경비를 물 쓰듯 하면서, 직원들에게는 몇천 원 하는 비품을 구매할 때마다 회사 경비로 처리하는 과정을 철저하게 보고하라고 엄포를 놓기도 한다.

큰돈을 버는 사람들은 돈을 벌 수 있는 기회를 타고났을 수도 있다. 또 그러한 능력을 갖추고 있기에 돈을 많이 벌 수 있다고 생각한다. 그렇다고 해도 그 돈은 혼자 번 것이 아니다. 임직원이 없다면 벌기 어려웠을 것이기 때문이다.

내가 돈을 벌고 또 그 돈을 편하게 쓸 수 있게 해주는 사람은 바로 나와 함께 회사를 일궈온 임직원이다. 그들과 함께 나눌 때 지속가능한 성장은 계속될 수 있다.

나눔과 베풂은 회사 내에서만 이루어지는 것이 아니다. 우리 사회 곳곳에 경제적으로 어려운 상황에 놓인 사람들이 적지 않다. 어려운 형편에 처한 사람들이 많다는 사실은 어릴 때 이미 알게 되었다.

사립 초등학교 시절 부잣집 아들인 친구들과 추첨제로 시작된 공립 중학교 친구들의 생활 형편이 엄청나게 차이가 난다는 사실을 알게 된 이후 늘 마음 한쪽에 불편함이 자리 잡고 있었다. 자기 화장실을 가진 부잣집 친구들이 있는가 하면, 동네에 하나밖에 없는 화장실을 공동으로 써야 했던 어려운 형편의 친구들도 있었다.

'나중에 내가 돈을 벌면 꼭 기부를 해야지.'

청소년기 시절 그런 상황을 목격했던 내가 이런 생각을 품게 된 것은 어쩌면 당연한 일인지도 모른다.

그런데 기부와 비슷한 맥락이기는 하지만 봉사활동에 대해서는 큰 열의를 보이지 못하고 있는 실정이다. 지금은 열정을 쏟아부을 다른 일이 많아서 아직은 마음만 보태고 있을 뿐이다. 자기 합리화일지는 모르나, 경제적으로 열악한 환경에 놓인 사회적 약자들을 찾아가서 그들의 마음을 위로해주는 것도 사회봉사일 수 있지만, 대단히 큰 부자가 되지 않아도 어려운 환경에 놓인 사람들에게 경제적인 지원을 해주는 것 또한 제법 괜찮은 사회봉사라고 생각한다. 그래서 매달 일정액을 기부하고 있는데, 그들에게 조금이나마 보탬이 되었으면 하는 마음이다. 언젠가는 멋진 사회봉사 프로그램을 만들어 즐기면서 함께할 수 있는 봉사활동을 평생 해나갈 생각이다.

Sympathy
Leadership

3장

함께 걸어야 멀리 간다

신뢰는 유리그릇과 같다.

아름답고 빛나는 유리그릇이 깨지지 않으려면

쓰는 사람이 조심스럽게 다뤄야 한다.

신뢰를 얻기 전에 먼저 믿어주라

내 가족에게 먼저 믿음을 주라

"혹시 존경하는 위인이 있나요?"

2010년 겨울, 강소기업을 조명한다는 취지로 만난 모 언론사의 기자가 인터뷰 때 이런 질문을 한 적이 있다. 그 무렵 경기도에서 초고온 세라믹 발열체를 자체적인 연구 개발로 국산화에 성공한 뚝심 있는 기업으로 조명받기 시작하던 때였다. 공식적인 대답을 해야 했기에 잠시 고민했다. 옛날 위인 중에서 존경하는 인물이 떠오르지 않던 차에 아버지를 존경한다는 말이 저절로 나왔다.

평생 동안 성실하고 근면하게 살았던 아버지는 공무원으로 자신이 맡은 임무를 충실히 완수해낸 분이었다. 아버지와 함께 보낸 시간이 짧아 늘 아쉬움이 남지만, 내가 가장 존경하는 분은 바로 나의 아버지이다.

기자가 묻는 질문의 의도는 알 것 같았다. 세종대왕, 이순신, 나폴레옹과 같은 역사에 이름을 남긴 위인의 삶을 본받아 창업 과정에서 위기와 고난이 닥칠 때마다 이를 극복하기 위해 어떻게 마음을 다잡았는지, 그리고 초고온 세라믹 발열체의 국산화라는 기술 중심의 중소기업으로 이름을 얻는 데 어떻게 힘이 되었는지가 궁금해서일 것이다.

역사적 인물 중에서 존경할 만한 사람이 어떤 삶의 질곡이 있었는지, 고난을 어떻게 극복했는지 굳이 깊이 생각해본 적은 없다. 그렇다고 해서 위기가 닥쳐올 때마다 그것을 극복해냈던 마음가짐이나 가치관이 없다는 말은 아니다.

오늘의 나 '한동빈'을 있게 한 삶의 철학은 이른바 '부끄럽지 않은 아버지 되기'이다.

불교의 가르침에 "개똥밭에 굴러도 이승이 낫다"라는 말이 있다. 내가 왜 태어났는지, 그것도 대한민국 서울에서 하필이면 우리 부모님의 몸을 빌려 이 땅에 태어났는지 알 수는 없지만, 태어난 이상 열심히 잘 살아야 한다는 생각은 늘 가지고 있다.

그리고 나의 가족, 특히 내 아이들에게 부끄럽지 않은 아버지가 되어야 한다는 그 한 가지 생각은 창업 초기나 지금이나 변하지 않는 마음이자 나를 버티게 해온 힘이다.

RIST는 안정적으로 월급이 나오는 데다 맡은 연구만 충실히 했다면 별 탈 없이 안정적인 삶을 이어나갈 수 있었던, 한마디로 따스한 온실 같은 곳이었다. 그곳에서 박사급 연구원으로 살았다면 최소한 수석연구원 또는 부서장까지는 승진이 보장되었을 것이다.

하지만 연구원으로 살았다면 그 파란만장했던 시간을 경험할 수 없었을 것이다. 그 시간은 오롯이 온실의 꽃을 온실 밖의 잡초(?)로, 나라는 한 인간을 매서운 바람에도 쉬이 꺾이지 않는 사람으로 만들어주었다. 그러나 그 지난했던 창업 과정에서 겪은 온갖 고난과 시련을 다시금 겪어야 한다면 나는 고민하지 않을 수 없을 것이다.

그 시절 문제가 발생할 때마다 해결책을 찾아 동분서주하면서 나를 밀어붙인 힘은 아버지에게서 배운 근면과 성실함이었다. 어린 시절부터 아버지를 롤모델 삼아 살아왔고, '나도 아버지 같은 사람이 되어야지' 하는 마음도 남모르게 품고 있었다.

초고온 세라믹 발열체라는 잘 알려지지 않은 기술을 국산화하고, 또 제품을 수출하며 어느 정도 자리를 잡는 사이에 아들은 쑥 커버렸다. 다행스럽게도 아들은 함께하지 못했던 그 시간에 대해 타박하지 않는다. 오히려 내 마음을 헤아리고 나를 자랑스러워한다. 참 고맙고 감사한 일이 아닐 수 없다.

내가 가족에게 늘 하는 말이 있다.

"하고 싶은 일을 해라."

"일등이 될 필요는 없지만 성실하게 살아라."

"무슨 일이든 해결 방법은 있다."

창업을 하든 월급쟁이가 되든 자신이 원하는 것을 찾아내고, 그것을 이루기 위해 겪게 되는 수많은 고난과 문제를 헤쳐나가 끝까지 붙들고 악착같이 버텨내라고 한다.

믿고 맡기면 몇 배로 돌아온다

"최고의 리더십은 아무것도 하지 않는 것이다."

미국 노스웨스턴 대학교 켈로그 경영대학원 교수이자 리더십의 대가인 키스 머니건Keith Murnighan은 '두낫싱Do Nothing'으로 리더십을 강조하면서 이같이 말했다. 2014년 우리나라에서도

『두낫싱: 지나친 간섭을 멈추고 더 나은 성과를 얻는 법』이라는 제목으로 출간되었는데, 그렇다면 머니건 교수가 말하는 'Do Nothing'은 무엇을 의미하는 것일까?

그는 리더의 역할을 딱 두 가지로 압축해서 설명한다. 첫 번째는 의사결정을 빨리 해주어야 한다. 둘째는 적재적소에 사람을 배치하고 그들이 일을 더 잘할 수 있도록 도와주어야 한다.

창업할 때 대부분의 사람들은 이런 각오를 한다.

"회사가 잘 굴러가려면 사장이 모든 일을 파악하고 있어야 한다."

물론 사장은 조직이 어떻게 움직이는지 예의 주시해야 한다. 마치 자신이 어벤저스의 멤버가 된 양 내가 없으면 회사가 굴러가지 않는다는 책임감을 과하게 가질 수 있다. 그러다 보면 사사건건 간섭하고 챙겨야만 회사가 제대로 돌아가는 것처럼 느껴진다. 그러나 사장이 챙기는 데는 한계가 있다. 무엇보다도 혼자서 챙긴다면 조직을 키울 수 없다. 어느 순간이 되면 '권한이양'이라는 것을 하게 된다. 그런데 이 말도 이제는 옛말이다. 직원들을 믿고 권한을 넘기며 그들이 책임을 다해 회사를 운영할 수 있도록 지원하는 것이 최종적인 사장의 일이다.

그런 의미에서 나는 머니건 교수의 말에 공감한다. 머니건 교수는, 최고경영자CEO는 사무실에 앉아 있지 말고 회사 안 복도를 어슬렁거리며 직원들을 만나 개인적인 대화도 나누고 업무에 대해 물어보며 일을 더 잘 해내기 위해서 도와줄 건 없는지 질문할 것을 권한다. 리더와 직원 간의 신뢰를 쌓으려면 'Do Nothing'을 실천하는 것만큼 적절한 것이 없다는 게 머니건 교수의 설명이다.[*]

요즈음 나는 일주일에 한두 번 회사에 출근한다. 주간 업무 회의를 겸해서 지난주에 벌어진 중요한 일과 이번 주에 꼭 해야 할 일을 보고받은 후, 경비 지불을 포함한 주요 사안에 대해서 직접 대면으로 설명을 듣고 품의서에 결재하기 위해서이다. 이미 임원들에게 많은 권한을 넘겨준 터라 굳이 매일 사무실에 출근하지 않아도 회사는 잘 운영되고 있다.

우리 회사의 평균 근속 연수는 10년이 넘는다. 중소기업으로는 결코 짧지 않은 근속 연수이다. 업계 사장들을 만나면 "어떻게 그렇게 직원들이 회사를 오래 다니냐"며 물어볼 때도 있다.

결론은 의외로 간단하다. 우리 회사의 복리후생에 그 답이 있기 때문이다. 복리후생이라고 하니 대단히 거창한 듯 들리지만,

● 매경 MBA 올해의 10대 키워드, 『매일경제』 2014.12.25.

규모와 상관없이 기업 대표라면 누구나 할 수 있는 일이 대부분이다. 그런데 누구나 할 수 있는 일이지만 아무나 하지 않는 까닭으로 우리 회사의 복리후생은 많은 사람들의 부러움을 사고 있다.

먼저 우리 회사 직원들 중에서 공부를 더 하고 싶어 하는, 그래서 학위를 취득하길 원하는 직원 모두에게 학비를 전액 지원한다. 대학을 가든 대학원을 가든, 어떤 전공을 선택할 건지 묻지도 따지지도 않고 학비를 전액 회사에서 지원한다.

굳이 재료공학 분야가 아니라 인문학 분야나 경영학과 같은 전공과목을 선택하더라도 모두 지원해준다. 가끔은 재료공학 분야가 아니라 인문학 분야의 전공을 선택하는 직원이 있었으면 하는 생각이 들 때도 있다.

직원들은 물론이고 그들 자녀의 대학 학비 또한 전액 회사에서 지원한다. 직원들 중에는 자녀들의 대학 학비를 전액 지원해주는 제도 덕분에 이직할 생각을 한 번도 한 적이 없다고 말하는 사람도 있다. 이것은 창업 때 한 약속이었다.

소중하지 않은 직원은 없다

최상의 성과를 얻어라

우리 회사는 매년 위너테크놀로지의 제품을 사용하는 유럽의 고객사들을 2~3차례 방문한다. 출장길에는 임원들은 물론 생산직 직원들까지 순서를 정해 동행한다. 게다가 항공권은 대표와 함께 비즈니스석으로 이동하고, 숙소 역시 대표와 같은 호텔에서 묵는다.

출장을 다녀온 후 협회나 대표들의 모임에서 출장 소회를 얘기하다보면 이런 질문을 받곤 한다.

"생산직에 있는 사원들을 굳이 출장길에 동행합니까?"

"일반 직원들까지 비즈니스 좌석을 구매해줍니까?"

생산직이라고 해서 그들이 위너테크놀로지에서 중요하지 않은 사람은 아니다. 사실 공장이라는 현장이 그리 안락한 공간은 아니지 않은가. 소음과 분진 등으로 때로는 마스크를 쓰고 일해야 하고, 때로는 높은 온도 탓에 노동환경이나 근무 여건이 수월하지는 않다고 할 수 있다. 어찌 보면 공장의 생산부서에서 열심히 일하는 직원들이 있기에 우리 회사가 돌아간다고도 할 수 있다.

생산부서에서 근무하는 직원들을 출장길에 동행하는 이유는 간단하다. 그들이 만든 제품이 어떻게 사용되는지, 우리 회사가 주요 고객들에게 어떤 평가를 받고 있는지를 직접 보고 피부로 느낄 때 생산부서에서 근무하는 사람으로서 자부심이 생길 것이라는 나만의 믿음이 있기 때문이다. 실제로 생산부서에서 근무하는 직원들이 출장을 다녀온 후 자연스럽게 위너테크놀로지에서 일하는 게 자랑스럽다면서 더 애사심이 생긴다는 말을 털어놓기도 한다.

매번 출장을 갈 때마다 순번을 정하는데, 순번이 돌아오는 직원의 얼굴에는 기대 어린 설렘으로 웃음이 가득하다. 첫 번째는 출장지가 유럽이라는 것이고, 두 번째는 오고 갈 때 비행기 티켓이 비즈니스 클래스이기 때문이다.

출장을 떠나는 날 공항에서 만나면, 직원은 깔끔하게 차려입고 비행기에 오른다. 스튜어디스의 안내로 좌석을 향하는 그의 발걸음은 경쾌하기만 하다. 자리를 찾은 뒤 한껏 의자를 뒤로 넘기고 편안하게 다리를 쭉 펴고 앉아 이코노미 클래스와는 조금 다른 품격의 서비스를 즐긴다. 대접받는 듯한 기내식은 물론 무제한으로 제공되는 와인과 볼거리 등의 서비스가 신기한 듯 온종일 사진을 찍느라 분주하다.

이코노미 클래스에도 밖을 볼 수 있는 창문이 있지만 비즈니스 클래스는 마치 다른 세계라도 되는 양 작은 창문을 바라보며 구름 위 풍경을 감상하는 설렘이 가득한 그의 모습이 옆 사람까지 전염시켜버린다. 열 시간이 넘는 비행시간 동안 그는 한잠도 자지 않고 들뜬 마음으로 기내 서비스를 체험하며 즐긴다.

호텔에 도착하자마자 젊은 직원들은 막 비행을 끝마치고 내려온 비즈니스 클래스의 체험과 들뜬 느낌을 페이스북이나 인스타그램 같은 사회관계망 서비스Social Network Service에 사진과 함께 올리느라 분주하다. 친구들에게 전화를 걸어 비즈니스 클래스 탑승을 자랑하느라 시간가는 줄 모르는 직원을 볼 때면 '역시 데려오길 잘했다'라는 생각이 절로 든다.

"뭐? 비즈니스 클래스에 직원들과 같이 타고 왔다고?"

"직원들 잘못 길들이는 거야!"

"버릇없어져!"

"한 대표, 대체 연 매출이 얼마나 되길래 그래?"

코로나19가 터지기 전, 독일에서 열리는 박람회에 참가했을 때였다. 나를 포함해 4명의 위너테크놀로지 직원들이 비즈니스 클래스로 같은 시간에 독일 쾰른에 도착한 걸 지켜본 한국 업체 사장들이 입을 모아 한 말이었다.

그들은 임원들만 비즈니스 클래스로 하루 먼저 도착하고 직원들에게는 다른 도시를 경유하는 저가 항공의 이코노미 클래스로 이튿날 같은 장소에 오도록 지시했던 것이다.

우리 회사보다 매출이 더 많은 이른바 중견기업 대표들은 하나같이 걱정하며 목소리를 높였다. '버릇없어져!' 하고 훈계라도 하듯 엄한 표정으로 한마디씩 하는 그분들은 마음속으로 이렇게 말하는 것 같았다.

'한 대표 회사는 매출 규모도 고만고만하구먼. 매출이나 더 늘리지 왜 딴 데 신경을 쓰고 그러나 모르겠군!'

그렇게 말하는 회사 사장들의 직원들은 대부분 하루 뒤에 도착한다. 직항로 비행기 티켓보다 저렴한 우회 항로 티켓으로 출발하다보니 비행시간이 오래 걸리기 때문이었다. 비행기에서 내려 호텔에 도착하면 그들은 녹초가 되어버린다. 촉박하게 출장 준비를 한 데다 거기까지 오느라 피곤한 기색이 역력했다.

사장은 직원을 길들이는 사람이 아니다. 따지고 보면 직원들 덕분에 내가 돈을 벌고 풍요롭게 쓰는 것이 아니겠는가. 그렇다면 오히려 사장은 그들을 회사를 빛낼 멋진 인재로 성장하도록 뒷받침하기 위해 여러 가지 지원을 마땅히 해야 하지 않을까.

내가 많은 사람들에게 전하고자 하는 메시지가 있다. 대표가 직원들에게 월급을 주는 것이 아니라 직원들이 대표에게 급여를 주는 것이라는 사실을 잊어서는 안 된다는 말이다.

사실 독일 쾰른에서 열리는 '치과 쇼'와 같은 박람회 견학은 물론, 유럽의 주요 고객사 방문을 위해 출장을 갈 때 함께 떠나는 직원들에게까지 비즈니스 클래스 티켓을 준비하려면 대단히 큰 비용을 지불해야 하는 것처럼 보일 수도 있다. 그러나 조금만 신경 쓰면 큰돈을 들이지 않고도 실행에 옮길 수 있다. 사내 직원 및 직원 가족의 교육 지원도 마찬가지이다.

우리 회사의 경우 해마다 대학에 입학하는 직원들 및 그들의 자녀들은 많아 봐야 2~3명이다. 그 비용을 연간으로 따져도 3천만 원 정도면 충분히 해결할 수 있다.

유럽 출장을 갈 때에도 마찬가지이다. 출장일에 임박해 비즈니스 클래스 티켓을 발권하려면 당연히 큰돈이 들 수밖에 없다. 그런데 아무리 작은 회사라도 매년 연간 계획을 세우고 거기에 따라 세부 항목에 대한 내용을 수립하게 마련이다.

우리 회사는 매년 정기적인 출장이 2~3번 정도 되니, 그것을 염두에 두고 미리 비행기 티켓을 구입한다. 특히 연초에 열심히 찾아보면 저렴한 비즈니스 클래스 티켓을 구할 수도 있다. 요즈음 같은 디지털 시대에는 인터넷으로 검색하면 웬만한 건 다 나온다. 저렴한 비즈니스 항공권 역시 검색을 통해 쉽게 구할 수 있다. 중요한 것은 비용의 문제가 아니라 대표이사의 직원에 대한 마음 씀씀이인 것이다.

직원들은 누구보다 자신의 위치를 잘 알고 있다. 누구는 임원이라 비싼 자리를 차지한 채 편하게 가고, 누구는 평직원이라 직항도 아닌 티켓으로 힘들게 간다면 과연 좋은 성과를 기대할 수 있을까? 좋은 성과는커녕 컨디션 난조로 인해 자신이 가진 본래의 능력을 발휘하지 못할 테고, 아마도 애사심이라는 세 글자는 저 심해 바닥으로 가라앉을 것이다.

나는 그런 세상의 시각에 허를 찌르고 싶었다. 상하 구분 없이 위너테크놀로지에 몸담고 있는 동료로서 힘든 출장길이지만 좋은 기억을 심어주고 각자 자신의 능력을 200퍼센트, 아니 300퍼센트 이상으로 올릴 수 있도록 계기를 만들어주고 싶었다.

한때 '섬기는 리더십servant leadership'이 각광을 받은 적이 있다. 미국의 학자 로버트 그린리프Robert Greenleaf에 의해 처음 제안된 '섬기는 리더십'은 타인에게 초점을 맞추고 자신보다 구성원, 즉 직원이나 고객 또는 공동체의 이익을 우선시하며 헌신하는 리더십을 말한다.

세종대왕의 리더십으로도 널리 알려진 섬기는 리더십의 행동 특성 중에서 나는 직원들의 상황에 공감empathy하고, 직원들이 성장할 수 있도록 헌신commitment to the growth하며, 직원들이 일체감을 느끼며 협력할 수 있도록building community 노력한다. 이것을 나는 특히 출장길에서 유감없이 발휘하고 있는 셈이다.

물론 비용이 조금 더 들지도 모른다. 하지만 임원과 직원의 유대감과 회사를 향한 충성심을 얻을 수 있다면, 그리하여 드높은 자긍심과 자부심을 가지고 일에 매진할 수 있다면 그 결과는 예측하기 어려울 것이다.

생각의 방향을 조금만 바꾸면 작은 마중물로 큰 성과를 올릴 수 있음을 기억해야 할 것이다. 그리고 그 과정에서 회사 대표로서 문제를 해결하는 데 힘을 보태야 할 일이 있다면 적극적으로 참여해야 한다.

신뢰라는 무기는 거저 얻어지지 않는다

직원들에 대한 믿음은 저절로 생기는 것이 아니다. 직원들을 무조건 믿고 공장을 맡겨두었던 창업 초기에는 어떻게 동기부여를 해야 하는지 알지 못했다. 판을 깔아놓고 놀고 있는 직원들을 탓할 수만은 없었다. 그 과정에서 나 스스로 깨우친 것도 적지 않았다. '당근과 채찍'은 뻔한 경영학 이론이지만, 초기에는 당근과 채찍이 꽤 효과적이다. 일 잘하는 직원은 인센티브 혹은 보너스를 포함한 격려와 칭찬을 아낌없이 해주고, 목표를 달성하지 못했을 때는 왜 그렇게 되었는지를 파악하며 경각심을 불러일으켜주어야 한다. 직원이 문제를 해결할 수 있도록 경청하고 도와주거나, 혹은 업무가 적성에 맞지 않다고 느낄 때에는 원활한 업무의 흐름을 위해 바꿔주어야 한다.

이처럼 초기에는 '당근과 채찍' 이론을 적용하되, 관리에 대한 마인드가 없다면 사장 역시 조직 관리를 위한 적절한 해법을 찾아야 한다.

회사가 어느 정도 안정기에 접어들고 매출 규모도 성장세로 돌아서면 직원들이 스스로 움직일 수 있도록 동기부여를 해주는 것이 회사의 역할이다. 그럼으로써 직원들이 책임감을 느낄 수 있게 해주어야 한다. 또한 진정성 있는 회사가 되기 위해서는 직원들이 일을 하면서 회사가 그들의 꿈을 실현해줄 무대가 될 수 있다고 느끼도록 해야 한다. 그리고 회사는 직원들이 원하는 바를 이룰 수 있도록 필요한 사항을 파악하고 협력을 통해 지원의 정도를 결정한 다음, 서로 간에 조건을 합의한 후 약속대로 지원해주어야 한다. 그러다 보면 노동자와 회사 간의 믿음은 저절로 깊어진다.

직원들에게 "회사를 내 가정처럼 생각하라"고 다짜고짜 강요할 일이 아니다. 회사가 왜 내 가정처럼 되어야 한단 말인가. 회사는 회사일 뿐이다.

회사는 안정적으로 자신의 능력을 발휘하고 그 대가를 받을 수 있는 일터이자 직장이다. 그 이상을 기대해서는 안 된다. 다만 직원들의 역량을 최대한 발휘할 수 있도록 믿어주는, 신뢰가 서로 간에 보장되어야 한다.

신뢰信賴라는 한자의 형태를 살펴보면 '믿고 의지하다'라는 의미임을 알 수 있다. 상대방이 드러내게 될 행동이 나에게 호의적일 가능성에 대한 기대와 믿음이 바로 신뢰라는 단어가 가진 뜻이다. 여기에는 전제 조건이 있다. 즉 '서로' 혹은 '상호'라는 말이 전제되어야 한다는 것이다.

상대방이 자신을 좋아하고 믿어주는 사람인지 아닌지는 어린 아이들조차 한눈에 알아본다. 하물며 성인이 된 직원들이야 말해서 뭐 하겠는가.

표어에 그치는 신뢰처럼 허울 좋은 신뢰가 아니라 진정성이 느껴지는 신뢰를 쌓으려면 '서로' 믿고 의지해야 한다. 신뢰라는 말은 참으로 믿음직스럽다. 하지만 허울 좋은 신뢰는 대부분 직위가 낮은 상대방에게만 강요하는 경우가 적지 않다.

내가 이끌어가는 내 회사이니 대표인 나를 무조건 믿고 따르라고 해서도 안 된다. 그런 시대는 이미 지났다. 대표로서 우선적으로 해야 할 일이 있다면 솔선수범이다. 먼저 손을 내밀며 직원들을 믿고 의지해야 한다. 대표의 행동이나 마음에 진정성이 있다고 판단되면 직원들은 대표가 내민 손을 굳게 잡고 자신의 모든 역량을 회사 일에 쏟아부을 것이다.

그런데 신뢰가 일단 쌓였다고 해서 그것이 평생 가는 것은 아니다. 대표의 마음이 변덕스러워서 자칫 처음 마음먹었던 신뢰의 정도가 녹아내려 변질된다면, 대표와 직원 간에 최초로 형성된 신뢰는 금이 가게 마련이다.

신뢰는 유리그릇과 같다. 아름답고 빛나는 유리그릇이 깨지지 않으려면 쓰는 사람이 조심스럽게 다뤄야 한다. 대표의 자리에 있는 사람이라면 늘 스스로 마음가짐을 다잡고 직원들과의 신뢰를 유지하기 위해 노력해야 한다.

아름다운 유리그릇을 조심스럽게 다루듯이 회사 내에서도 신뢰하는 분위기를 점검하면서 가꿔나간다면 해가 바뀔수록 그 신뢰는 더욱 단단해질 것이다.

위너테크놀로지를 운영하고 조직을 관리하면서 나는 인간관계에서 무엇보다 소중하고 가치 있는 것이 신뢰임을 깨달았다.

믿음과 배려는 성장으로 되돌아온다

우리 회사 법인 카드는 공공재이다

"내가 법인 카드를 쓰는 건 당연해. 왜냐하면 이 회사의 대표이기 때문이지. 내가 회사의 주인이잖아! 그런데 감히 너희들이 법인 카드를 써? 이건 도리에 맞지 않잖아."

만약 직원들에게 이렇게 호통을 친다면 경리 사원은 속으로 코웃음을 칠 것이다. 사장이 법인 카드를 어디에 어떤 용도로 얼마나 쓰고, 어떻게 회사 경비로 처리하는지 모두 알고 있기 때문이다. 코웃음 치던 경리 사원은 회사 내에 이런 얘기를 암암리에 퍼뜨릴 테고, 그런 소문이 은근히 퍼져나가는 순간 직원들이 사장을 보는 눈은 달라질 것이다. 그리고 결국 회사 내에 존재하던 얄팍한 상호 신뢰조차 추락하게 될 것이다.

이런 회사의 조직은 경직될 수밖에 없고, 자유로운 발상이나 연구 개발의 새로운 아이디어를 발휘할 수 있는 분위기를 만들어내기 쉽지 않아 지속성장은커녕 현상 유지도 힘들어질 것이다.

우리 회사는 비록 규모는 작지만 수출 300만 달러를 달성한 이후 강소기업으로 성장해왔다. 다소 오랜 시간이 걸렸지만 서로 신뢰하는 직원들 덕분에 이루어낸 성과이다. 창업 후 사반세기가 넘는 시간이 흐르는 동안 비록 매출 규모는 크지 않을지언정 사업의 지속성만큼은 남부럽지 않을 만큼 견고하다.

'조금만 풀어주면 직원들의 버릇이 나빠진다.'

'만만해 보이면 직원들이 회사의 기밀을 빼가지는 않을까……'

회사 경영을 하면서 숱한 걱정으로 밤잠을 이루지 못하는 수많은 중소기업 사장들은 지금 이 시간에도 조바심치며 노심초사할 것이다. 그래서 그들은 더더욱 직원들을 의심하고 세상에 믿을 것은 자신과 돈뿐이라고 생각한다. 그러다 보니 자신은 당연한 듯이 법인 카드로 온갖 경비를 처리하면서, 직원들이 쓰는 법인 카드는 이 잡듯이 따지고 추궁해가며 금액을 제한하거나 아예 직원 개인 카드를 쓰게 만든다.

나는 그런 점에서는 언제나 오픈 마인드이다. 직원들이 매출을 올려주는 덕분에 내가 잘 지내고 있다는 것을 알기 때문이다. 따라서 내가 법인 카드를 편안하게 쓰려면 직원들에게도 그 정도의 혜택은 주어야 한다고 생각한다. 당연히 나는 직원들의 법인 카드 사용에 대해 신경 쓰지 않는다. 가끔 직원들이 법인 카드로 병원비를 지불하거나 각자의 입맛대로 음료를 구입하는 것도 허용해준다. 별것 아닌 일임에도 직원들은 그런 일에서 회사 카드를 쓰는 높은 사람이 된 듯한 느낌을 받는다고 한다.

연봉도 중요하지만 복지 혜택이 더 중요하다

미국 캘리포니아에 위치한 비즈니스 분석 소프트웨어 업체 SAS 인스티튜트는 2010년 미국 경제 전문지 『포천Fortune』이 뽑은 미국에서 '가장 일하기 좋은 기업'으로 선정되었다. 창업자인 짐 굿나잇Jim Goodnight 대표는 우리나라 매체와의 인터뷰에서 "직원들이 내일 아침에 출근하지 않을까 늘 염려된다"면서 "직원이 행복해야 고객도 행복하다"고 말했다.

사실 SAS 인스티튜트는 미국에서 최고의 연봉을 자랑하는 곳이 아니다. 그 흔한 스톡옵션도 없다. 상장사가 아니기 때문이다. 그런데도 이 회사는 미국 내에서 일하기 좋은 기업으로 유명하다.

1976년 창업한 이 회사는 지난 20여 년간 미국에서 가장 일하기 좋은 기업 리스트 상위에 항상 이름을 올렸다. 이유는 한 가지, 직원들에 대한 복지 혜택이 남다르기 때문이었다.

SAS 인스티튜트는 정년, 정리해고, 야근, 비정규직이 없는 회사, 최고의 사원 복지 프로그램을 운영하는 회사로 아주 유명하다. 미국에서도 복지가 잘된 회사에서 흔히 볼 수 있는 수영장, 피트니스센터 등 다양한 스포츠 시설 외에도 병원, 프리스쿨(유아원), 상담 센터, 세탁소, 미장원 등 다양한 시설이 회사 울타리 안에 모두 갖추어져 있다.

SAS 인스티튜트는 복지 혜택이 기업의 지속적인 성장을 담보할 뿐 아니라, 직원들과 함께 성장하면서 그들의 행복한 직장 생활을 약속해준다는 사실을 잘 보여준다.

물론 위너테크놀로지가 SAS 인스티튜트 수준에 버금간다고 자랑하는 것은 결코 아니다. 우리는 아직 가야 할 길이 멀다. 다만 SAS 인스티튜트의 사례를 통해 한 가지 확인하고 싶은 것은,

직원들이 일하기 좋은 환경을 만들어주고 그들의 삶에서 불편함을 많이 덜어줄수록 회사 경영에 도움이 된다는 사실이다. 회사 규모에 따라 복지 혜택도 다르겠지만 직원을 배려하고 그들에게 무엇인가를 해주려는 대표의 의지가 중요하며, 그 마음이 직원과의 신뢰를 잇는 가교 역할을 하는 것이라고 믿는다.

감성을 다루는 리더가 조직의 신뢰도를 높인다

조직을 이끄는 사장은 리더이다. 리더는 사람들의 감정에 영향을 주게 마련이다. 역사를 되돌아보면 부족장처럼 초기 인류의 리더를 비롯해 어떤 리더든 수행해야 할 과업이 있는 상황에서는 조직원들에게 확신과 명쾌함을 주어야 했다. 다시 말해 리더란 집단의 감성을 이끌고 가야 하는 인물이다. 특히 사람들의 감성을 긍정적인 방향으로 이끌면서 해로운 감정이 일으키는 부위를 도려내야 한다. 리더는 모든 사람들의 감성을 좌우할 수 있는 최상의 힘을 갖춘 존재이기 때문이다.

우수한 리더십이 조직에 미치는 영향력은 일이 잘될 것이라는 단순한 차원을 넘어선다. 사람들은 감성의 차원에서 리더가 자신을 이끌어주기를 원한다. 즉 공감할 수 있는 관계를 원하는 것이다.

감성지능의 창시자로 불리는 다니엘 골먼Daniel Goleman이 경영학자인 리처드 보이애치스Richard Boyatzis와 교육학자인 애니 맥키Annie Mckee와 함께 쓴 책『감성의 리더십』에서는 '감성지능'을 바탕으로 한 리더의 지도력이 회사의 경영을 바꿔놓을 수 있다고 강조한다. 결국 회사도 조직이고, 조직은 사람들로 이루어져 있다. 사람은 관계를 통해 감성적인 안정을 유지하는데, 조직을 이끄는 리더가 이를 이끌어야 한다는 게 핵심 내용이다.

그런데 감성 리더십이라고 하니 두루뭉술한 개념이라, '당근과 채찍' 이론처럼 명쾌하게 손에 잡히지 않아 실천하기 어려울 수 있다.

그렇다. 리더십을 제대로 발휘하려면 자기만의 고유한 방식을 찾아야 한다.『감성의 리더십』에 따르면 훌륭한 리더십은 정해진 일정한 틀이 없다고 한다. 위대한 리더가 되는 길은 여러 갈래이며, 훌륭한 리더일수록 남다른 독특한 스타일이 있다는 것이다. 그러므로 남들이 하는 것을 배워서 그대로 따라 할 수 없다고 주장한다.

돌이켜보면 나 또한 적지 않은 나이에 창업을 한 이후 크고 작은 시행착오를 거치면서 오늘날에 이르렀다. 리더십이나 경영학을 전공한 것도 아니고, 거기에 대해서는 한 번도 배운 적이 없다. 그러다 보니 더욱더 답을 찾으려고 노력했고, 그런 과정에서 나만의 길을 걸어온 셈이다.

위기를 예견하고 준비한 자만이 월계관을 쓴다

2020년 3월 코로나19 팬데믹으로 세계의 교역이 멈춰버렸다. 세계적인 위기는 곧 우리 회사에도 찾아왔다. 6개월간 매출이 전혀 없었다. 매출 제로(0). 이는 회사를 세운 이래 처음 보는 숫자였고, 설립 이후 두 번째로 큰 위기라고 할 수 있었다. 그동안 매년 상당한 금액을 저축하고 또 수억 원씩 부채를 상환하면서 회사의 신용도를 유지해왔다. 하지만 상황이 이러하다 보니 다시 은행에 손을 내밀 수밖에 없었다. 10억 원을 대출받았다. 미리 주문해둔 원료 수입 금액을 결제하고, 직원들의 급여를 지급할 수 있을 정도의 액수였다.

"언젠가는 갚겠지."

또 빚을 지면서 회사를 운영하기는 싫었지만, 형편이 여의치 않으니 어쩔 수 없이 나는 다시 빚쟁이가 될 수밖에 없었다.

중단된 매출이 다시 회복되기 시작한 시기는 그해 10월이었다. 죽으라는 법은 없는 것인지, 유럽에서 주문이 들어왔다. 겨우 한숨 돌릴 수 있었다. 이어 다음 달부터 납품이 다시 시작되었지만 원래 계획의 20~30퍼센트 수준에 불과했다. 다행스럽게도 2021년 2/4분기부터 코로나19 팬데믹 이전 수준까지 회복되었다.

찬찬히 생각해보니 해외 수출을 해오면서 합리적인 가격 경쟁력과 뛰어난 기술력이라는 두 가지 요인이 맞아떨어져서 다시 매출이 회복된 것이 아닌가 싶다. 특히 우리 제품은 소모품의 성격이 강해서 교체 시기가 돌아오면 부품을 바꿔야 하기 때문에 수요가 갑자기 중단될 수 없다는 점이 꾸준히 매출을 유지할 수 있는 비결이기도 하다. 또한 남들이 가지 않은 가시밭길을 걸어왔기 때문에 지금 그 혜택을 누리고 있는지도 모른다는 생각도 들었다.

그러나 정교한 부품을 다루다보니 이런저런 문제를 항상 달고 살아야 했다. 코로나가 발생하기 전 수출할 때 큰 문제가 발생했다. 2019년 1분기에 벌어진 일이었다. 독일 업체에 보낸 제품에서 불량이 발견되었다는 연락이 왔다. 한 달 동안 제작해 배송한 물량이었는데(금액으로 환산하면 1억 원 규모), 그중 40퍼센트 정도가 파손된 것으로 추정된다는 내용이었다.

상황을 파악해보니 수출을 하면서 배송 상황에서 충격이 가해져 히터에 금이 간 것이었다. 수출용 우드박스에 넣어 선적하고 다시 내려서 고객사까지 배송하는 과정에서 분명히 문제가 발생했을 텐데, 어느 과정인지 정확히 알 수가 없었다.

곧바로 결정이 내려졌다. 주문한 물량 전체를 긴급하게 제작해 항공편으로 배송하기로 한 것이다. 주문한 고객사에 이 메시지를 전하고 회사에서는 다시 제작해서 항공편으로 보냈다.

적지 않은 적자를 감수해야 했지만, 당장 우리가 손해를 보더라도 어렵게 관계를 맺은 고객사를 놓쳐서는 안 된다고 판단했기 때문에 내린 결정이었다. 손해를 고스란히 떠안기로 한 것이다. 어려운 결정을 내린 것은 RIST에서 연구원으로 근무하던 시절 스웨덴 K사의 불친절한 고객 응대가 생각났기 때문이었다.

우리의 진정성을 알아봐주었는지, 아니면 빠른 대처에 감동했는지, 결과적으로 그 독일 업체는 우리 회사의 주요 고객들 중 하나가 되었다. 나중에 알게 된 사실이지만, 짧은 시간에 전량을 새로 제작해서, 그것도 항공편에 실어 보내줄지는 몰랐다는 게 그 회사 관계자의 후문이다.

알고 봤더니 그 업체는 이전에 스웨덴 K사의 제품을 이용하던 회사였고, 히터에 불량이 생겼다고 연락하면 다시 구매하라는 응답을 받곤 했다는 것이다. 그러니 우리 회사의 대응에 어찌 감동하지 않을 수 있었겠는가.

오스트리아와 독일에 있는 우리 고객사들은 위너테크놀로지에 대한 신뢰가 특별하다. 거래를 할 때 양해각서MOU: Memorandum of Understanding도 맺지 않는다. 사실 MOU는 내가 거부했는데, 굳이 요식행위에 불과한 MOU를 맺을 이유가 없었기 때문이다. 그냥 나를 믿어보라고 했다. 위너테크놀로지는 협력업체 평가 시 신뢰 수준이 100점 만점에 95점 이상이라고 고객사들은 전한다. 이 모든 것이 그동안 우리 회사 임직원들의 수고와 신뢰를 바탕으로 이루어낸 성과이다.

가끔 해외 치과나 치기공사로부터 히터를 개별적으로 공급해달라는 요청이 들어온다. 하지만 우리는 그들의 요청을 단호히 거절한다. 그러고는 고객이 설비를 구했던 회사에 이를 전달해서 당사자들끼리 거래를 할 수 있도록 유도해왔다. 업체마다 히터 사양이 조금씩 다르기 때문에 전기로가 어느 회사에서 제작된 것인지 금방 식별할 수 있다.

만약 해외 치과나 치기공사로부터 수주를 받아 소모품인 히터를 내가 직접 판매한다면, 전기로를 만드는 일본 또는 유럽의 설비 제조기업과의 거래는 불가능해질 것이다. 소탐대실이 아닐 수 없다.

순익으로 본다면 당연히 마지막 고객에게 파는 것이 많은 이득을 남기겠지만 원천 거래처는 전기로 제작 업체이기에 이익보다는 신용과 상도의를 우선시해야 한다. B2C_{Business to Customer}를 할 것인가, B2B_{Business to Business}를 할 것인가를 선택할 때 우리는 B2B를 선택한 것이다.

그럼으로써 오히려 유럽에서 인공 치아를 굽기 위해 필요한 도구인 전기로를 만드는 기업의 우리에 대한 신뢰도가 더욱 견고해지게 되었다.

작은 이익에 눈멀지 말고 미래에 투자하라

구멍 난 항아리에 물 붓기는 시간 낭비일 뿐이다

해외 시장을 공략해 승부를 걸다보니 당연히 바빠지기 시작
했다. 해외 기업들과의 관계를 돈독히 하고 신뢰를 쌓아가기 위
해서는 그들과 소통하는 데 집중할 수밖에 없다. 어쩔 수 없이
출장이 잦아지게 되었다. 더불어 해외 시장 공략에 초점을 맞추
고 집중한 뒤로 매년 10퍼센트 이상씩 성장세를 이어나가고 있
는 위너테크놀로지를 보면서 회사의 외형을 키워나가야 하는
단계에 이르렀다고 생각했다. 이때까지만 해도 제품 생산을 늘
리고 공정 과정에서 실수를 줄여 불량률을 최소화하는 데 집중
해왔다.

첫 제품을 출시한 뒤 우리 제품을 구매한 지인들이 쏟아낸 낯 뜨거웠던 클레임을 해결하기 위해 공정을 개선하고, 또 제품을 만들어 납품하는 과정을 거치면서 우리의 기술력은 나날이 발전해 더욱 견고해지게 되었다.

2001년 산업자원부장관 표창을 수상함으로써 그 성과를 인정받기 시작했다. 2002년 11월에는 정밀기술 부문에서 대통령 표창을 수상했고, 이어 제품기술 부문에서 국무총리 표창을 받았다. 이듬해에는 중소기업청 이노비즈 기업으로 선정되었으며, 기술신용보증기금에서 선정하는 우량 기업에 이름을 올리게 되었다.

제품 개발이 본궤도에 오르자, 인천 남동공단에 자리한 첫 공장이 비좁고 위험하다는 생각이 들었다. 고온으로 제품을 만들어야 하므로 안전이 우선이었기 때문이다. 게다가 원료에 대한 환경평가도 받아야 하는 점 등등 건물과 시설에 대해 신경 써야 할 일이 많아지기 시작했다.

2002년 공장을 좀 더 쾌적하고 안전한 곳으로 옮기기로 결정했다. 본사를 이전하기 위해 인천을 비롯해 평택 등 제조업체 시설을 갖출 수 있는 공장 부지를 물색하기 시작했다.

여러 곳을 물망에 올려놓고 살펴본 뒤 결정한 곳이 지금의 평택시 안중읍이다. 부지를 매입하고 공장을 지었다. 9개월 후 완공된 공장으로 이사를 했다. 처음에는 모든 것이 낯설었다. 새로운 공장이 깔끔하게 갖춰지기까지 2년 이상이 걸린 것 같다.

스트레스 중에서 두 번째로 큰 것이 이사 스트레스라는 말이 있다. 사는 집을 이사하는 데도 그렇게 엄청난 스트레스를 받는데, 공장을 이전하니 신경 써야 할 일이 한두 가지가 아니었다.

하지만 회사의 기술력이 점점 견고해지는 과정을 지켜보면서 부족한 것들을 하나씩 점차적으로 갖춰나가다 보니 힘든 것보다 즐거운 마음이 더 컸다. 그사이 나도 회사 경영에 대한 공부를 하면서 점검해야 할 여러 가지 요소를 알게 된 것 같아 리더로서 한 단계 진화한 기분이었다.

이전한 뒤로는 매출 증가에 중점을 두었다. 특히 해외 시장 공략을 위해 더 발 빠르게 해외 기업 및 박람회 관련 정보를 수집하고, 우리 제품에 관심을 가질 만한 해외 기업들을 찾아내기 위해 모든 시간을 쏟아부었다.

일본 우시다 사장과의 친분과 인연을 계기로 일본 기업들을 대상으로 한 매출이 증가하기 시작했다. 이어 유럽 진출을 위한 신제품 개발에도 박차를 가했다.

그러나 모든 일이 그렇듯, 혼자서 이런저런 일들을 모두 해결하기가 쉽지 않았다. "빨리 가려면 혼자 가고 멀리 가려면 함께 가라"는 말도 있지 않은가. 나는 당장 눈앞의 일보다 먼 미래를 준비하고 싶은 마음이 컸다. 그래서 생각한 것이 '친인척 찬스' 쓰기였다. 2005년 회사의 매출과 경영의 외형을 키우기 위해 설비사업을 본격적으로 시작해보기로 했다. 회사의 규모를 키울 수 있을 것이라고 예상해 설비사업부를 신설한 것이다.

해외 시장 진출을 통해 매출이 커지면서 사업의 다각화에도 관심을 기울이게 된 것이다. 그때만 해도 회사가 어느 정도 커지면 새로운 사업에 대한 투자는 불가피한 것이라고 생각했다.

하지만 이것은 분명 잘못된 판단이었다. 2007년부터 2013년까지 꼬박 8년간 적자를 면치 못했다. 설비를 갖추고 난 뒤 매출은 증가했지만, 순익을 내지 못하는 상태였다. 계산기를 두드려 보면 늘 마이너스였다. 매년 해외 수출을 통해 히터의 매출이 증가했지만, 우리 회사 통장에 잔고로 남지는 않는 상황이었다. 설비 수주 금액이 커서 이익도 곧바로 대폭 증가할 것이라는 예상과는 달리 설비사업부 직원들의 일처리와 고객 응대, 그리고 물품 구매 부조리 등 적지 않은 부작용이 발생했다.

당시에는 외형을 키우는 데 지나치게 몰두하다보니 구성 인력을 관리하는 데 철저하지 못했던 것이다. 결과적으로 믿을 수 있는 '친인척 찬스' 혹은 '고임금 경력자 스카우트' 등은 헛된 망상에 불과했다.

나 대신 회사를 철저히 관리해 새로 시작하는 사업을 정상궤도에 올려줄 수 있으리라 생각하고 임원급으로 영입했으나, 그는 회사에 대한 생각이 내 기대와 달랐던 것 같다. 제대로 관리가 되지 않다보니, 비용은 증가하는데 실적이 나오지 않는 상태가 한동안 계속되었다.

앞으로 벌고 뒤로 까먹는 형국이었다. 그동안 어렵사리 한 걸음씩 해외 시장을 공략하면서 차곡차곡 쌓아올린 매출과 순익이 순간 물거품처럼 사라지는 상황이 눈앞에서 벌어지고 있었던 것이다.

처음에는 친인척을 믿고 경영의 많은 부분을 맡겼다. 신규 사업을 시작한 지 5년여가 지난 뒤 재무제표를 들여다보니 기가막혔다. 대체 누구를 믿고 회사의 경영을 맡겨야 한다는 말인가.

다시 깊은 고민에 빠졌다.

'굳이 회사의 규모를 키워야 할까?'

'보여 주기 식으로 경영을 해야만 하나?'

'위너테크놀로지의 대표로 진정 원하는 것은 무엇인가?'

초심으로 돌아가 다시 나 자신에게 많은 질문을 던졌다. 적자가 심해지고 있는 현재 상황을 어떻게 극복해내고 위기에서 벗어날 것인가.

오랜 고민 끝에 답을 얻었다. 바로 내실 경영이었다. 2013년 부도 위기까지 가는 현실에서 설비사업부의 인력들과 임원을 정리할 수밖에 없었다.

남에게 휘둘리지 말고 내실 경영을 하라

2021년 한국은행이 발표한 우리나라 중소기업 및 중견기업의 평균 매출액의 영업이익률은 3.5퍼센트 정도이다. 그리고 부채비율은 약 120퍼센트이다.

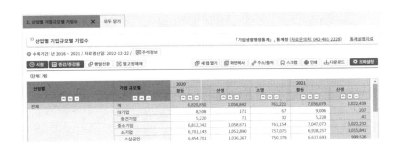

2021년 통계청이 발표한 우리나라에서 현재 활동하고 있는

대기업의 숫자는 9,006개로, 전체 기업 중 대기업이 차지하는 비율은 0.1퍼센트에 불과하다. 그렇다면 중소기업 및 중견기업은 어떨까? 중소기업 및 중견기업의 숫자는 705만여 개로 전체 기업 중 99퍼센트를 넘는다.

그렇다면 대기업, 중견기업, 중소기업의 구분은 어떻게 하는 것일까?

먼저 대기업은 자산 총액이 5조 원 이상인 공시 대상 기업 집단을 가리킨다. 대기업 집단으로 분류되면 회사의 규모를 키우는 데 제한 요소가 많고, 영업 활동을 늘 감시받게 된다. 공정거래위원회가 계열사 자산의 합계가 5조 원이 넘는 기업을 매년 상호 출자 제한 기업 집단으로 지정하고 있다.

중견기업은 중소기업기본법에 따르면 자산 총액 5천억 원 이상 5조원 미만 정도로 대기업 수준의 규모를 갖춘 기업을 말한다. 전체 기업의 0.7퍼센트 정도를 차지한다. 중소기업의 범위를 벗어나면서 상호 출자 제한 기업 집단에 소속되지 않은 기업을 말한다. 최근 3년간 평균 매출액이 1,500억 원 이상을 유지해야 중견기업이라고 할 수 있다.

중소기업은 자산 총액이 5천억 원 미만이며, 업종별로 매출액의 기준이 다른데, 400억~1,500억 원 이하로 대기업, 중견기업이 아닌 기업을 말한다.

미국의 경우 중소기업이 전체 기업 중에서 약 70퍼센트를 차지한다. 이렇게 따져보면 우리나라에서는 중소기업이 대단히 많은 부분을 차지한다고 볼 수 있다. 노동자들의 대부분이 중소기업에서 근무한다고 해도 과언이 아니다.

하지만 우리나라에서는 대기업 위주로 조명받고 있는 것이 사실이다. 특히 한국전쟁의 상처를 씻어내기 바빴던 1960년대, 가난했던 대한민국을 일으켜 세우기 위해 경제개발 5개년 계획을 단행했던 박정희 정부 시기에 대기업을 앞장세워 경제 규모를 키웠다. 그 결과 '한강의 기적'으로 불릴 만큼 엄청난 속도로 국가 경제를 키워내는 성과를 이루었지만, 한편으로는 정경유착이라는 폐해를 낳기도 했다.

대기업 중심의 정부 정책이 오랫동안 이어지다보니, 주요 기업의 매출이 국가의 GDP를 좌우할 정도가 되었다. 국가가 이같은 문제를 해결하기 위해 중소기업 및 중견기업을 지원하기 시작한 것은 참으로 바람직하다고 생각한다.

하지만 중소기업 및 중견기업에 대한 지원은 한참 뒤에야 이루어졌다고 할 수 있다. 게다가 대기업은 넉넉한 자본으로 광고는 물론 주요 언론 매체의 조명을 받다보니 '기업은 곧 대기업'

이라는 인식이 국민들의 마음속에 자리 잡게 된 것 같다.

그런데 통계를 보면 대한민국에서 살아가는 거의 대부분의 사람들이 중소기업에서 일하며 자신의 삶을 영위해나간다는 사실을 확인할 수 있다. 중소기업이 곧 나라의 희망이라는 말이다.

그러나 700만 개가 넘는 우리나라 중소기업 및 중견기업의 연평균 매출액의 영업이익률은 앞에서도 말했듯이 3.5퍼센트에 불과하다. 업종별로 따지면 매출액의 영업이익률이 더 낮고 부채비율은 더 높은 업종도 적지 않다.

위너테크놀로지는 수천억 원의 매출을 올리는 중견기업은 아니다. 하지만 우리 힘으로 만들어낸 기술이 있고, 그 기술을 바탕으로 쌓은 노하우로 다른 업체들이 따라오지 못하는 제품을 개발해 해외로 수출하고 있다.

국내 시장보다는 해외 시장을 공략해 수출도 탄탄하게 진행되고 있다. 그 덕분에 2022년에는 '300만 불 수출의 탑'을 수상할 수 있었다. 우리나라의 수많은 중견기업과 강소기업들에 비하면 실적은 아주 미비하다고 할 수 있다. 하지만 해외 시장을 공략해 우리 제품을 수출하기 시작한 지 10년 만에 이룬 쾌거였다.

우리 회사의 순익률은 국내 중소기업 및 중견기업의 매출액 영업이익률을 몇 배는 상회하는 수준이다. 그동안 어려울 때마다 손을 벌렸던 은행 대출도 매년 갚아나가고 있다.

"빚은 자산이야."

대부분의 경영자들이 흔히 하는 말이다. 그 말이 맞을 수도 있다. 빚이 많은 회사가 부도가 날 만큼 위기를 맞게 되면 국가에서 채무를 덜어주기도 한다. 딸린 직원들의 일자리가 한순간 사라질 수도 있고, 해외 혹은 국내에 판매해야 하는 제품을 납기에 맞춰 만들어내야 하는 순환 고리를 유지해야 하기 때문이다.

그러나 내 생각은 조금 다르다. 어떻게 빚이 자산이 될 수 있단 말인가. 빚은 다른 사람의 돈을 잠시 빌려서 쓸 뿐 언젠가는 갚아야만 하는 부채이자 짐이다. 빚으로 몸집을 불려 매출이 수천억 원 혹은 수조 원 규모의 회사인데도 실제 순익은 거의 찾아보기 어려운 중견기업도 적지 않다. 부도가 나면 정부가 손을 써줄 테니 걱정 말고 몸집을 불려야 한다는 중견기업도 있다. 하지만 이는 우리나라 중견기업 및 중소기업 관련 법을 교묘하게 악용하는 소지로밖에 보이지 않는다.

단순하게 생각하면 작은 가게든 큰 기업이든 빚은 적고 순이익은 많아야 좋은 회사이다. 이익이 나야 신제품 개발에 투자할 수도 있고, 또 안정적으로 기업을 경영하는 데 어려움도 적다.

우리나라를 일으켜 세우는 데는 작지만 강한 기업이 많아야 한다. 매출 중심으로 회사의 규모를 판단하고 순위를 매기는 현 대한민국의 중소기업 관리에 문제가 있을 수도 있다. 이렇게 생각하는 데에는 허례허식, 이른바 겉치레를 지나치게 내세우려고 하는 그릇된 판단기준이 우리 사회에 뿌리 깊게 깔려 있기 때문이다.

그리 오래되지 않은 얼마 전의 얘기다. 남들에게 보여주기 위한 겉치레를 중요하게 따지다보니, 결혼식을 성대하게 치러야 한다는 강박관념에 사로잡혀 화려한 예식을 준비하느라 비용을 물 쓰듯 하는가 하면, 심지어 제사상도 상다리가 부러질 정도로 차려야만 선조에 대한 올바른 예의를 갖추는 것이라고 생각하던 때가 있었다.

겉치레를 중시하는 문화는 아직도 남아 있다. 인터넷을 검색할 때 우리나라 정부는 물론 공기업이나 공공기관의 홈페이지를 접속해보면, 일단 현란한 디자인이나 거창한 이미지 그리고 여러 가지 복잡한 기능을 삽입하느라 네트워크 속도가 느려지곤 한다. 그런데 겉모습을 구경하고 나서 내용을 들여다보면 정작 있어야 할 자료가 없거나, 혹은 있다 해도 실속 없는 자료가 올라와 있는 경우가 적지 않다.

보안이 철저해서라고 말할 수도 있다. 하지만 지나치게 겉치레에 신경을 쓰다보니 정작 실어야 할 내용을 빼먹는 경우가 종종 있는 것 같다.

"기업이나 정부가 보안을 철저하게 하는 이유는 아무것도 없다는 게 들통날까 봐서"라는 어느 해외 기업의 사장이 말한 농담이 생각난다.

나라가 부자가 되려면 세계에 내놔도 손색없을 정도로 고유한 기술력을 가진 강소기업이 많아야 한다. 매출 수천억 원에서 수조 원에 이르는 중견기업이나 대기업도 분명 있어야 하지만, 작지만 강한 기업 이른바 실속 있는 강소기업이 많아야 우리나라는 지금보다 더 부자가 될 수 있다.

2013~2014년까지 약 2년에 걸쳐 설비사업부 및 일부 임직원들을 모두 정리한 뒤, 그동안 강점으로 작용했던 부품 소재 산업에만 주력했다. 우리가 잘하는 부분에 집중함으로써 내실을 다지겠다는 각오로 2018년에 완전히 정리를 마쳤다.

부실 덩어리를 처리했기 때문일까, 몸이 홀가분해진 것 같았다. 그사이 우리는 한국무역협회가 지정하는 '1백만 불 수출의 탑'을 받은 데 이어 '3백만 불 수출의 탑'을 수상하는 쾌거를 이뤄내기도 했다. 이처럼 어렵사리 이루어온 해외 시장 진출의 성과로 매년 15퍼센트씩 수출이 지속적으로 성장해나갔다.

실제로 우리 회사 제품의 마진율은 중소 제조기업들을 기준으로 볼 때 높다고 할 수 있다. 3년 뒤인 2026년에는 500만 불 수출의 탑을 이루어내는 것도 무난하리라 전망하고 있다.

가벼워진 조직, 그리고 안정적인 성장세라는 이 두 가지 핵심 과제가 어느 정도 궤도에 오른 후 위너테크놀로지는 국내는 물론 해외 고객들에게 기술력과 신뢰를 인정받는 기업으로 거듭나고 있다.

설비사업 대신 선택한 히터 전문 제조 및 원료 합성 소재 사업으로 이제는 새로운 시장을 공략하기 위해 준비하고 있다. 그중 하나가 가전제품에서 쓰임새가 늘어나고 있는 바이오와 전지 분야용 페이스트 부분이다.

가정에서 많이 쓰는 인덕션 쿠커를 예로 들어보자. 자세히 들여다보면 매끄러운 유리 표면에 동그라미가 여러 개 그려져 있다. 스위치를 켜면 그 동그란 부분에 열이 들어온다. 동그란 부분이 바로 소재 부품 회사들이 만드는 발열체이다.

현재 위너테크놀로지는 미래의 먹거리를 만들어내기 위해 발열 페이스트 부분을 연구하고 있다. 지금은 차기 먹거리를 위해 다섯 명 정도의 임직원들이 연구 개발을 하고 있는데, 이 또한 매년 수십억 원의 매출을 기록할 것으로 전망하고 있다. 전자제품이 늘어나면서 성장 가능성이 있다는 판단하에 우리는 이 사업에서 부가가치를 올려 기술력을 확보하고자 한다. 가전제품은 물론 반도체 등에도 페이스트 제품의 수요가 증가할 것으로 예상되는 만큼 우리가 나아가야 할 방향을 정한 것이다.

이제는 회사의 규모를 키우기 위한 욕심보다 고유의 기술력에 의한 매출 증대를 위해 현재 수준에서 어떤 추가 사업을 할 수 있을지에 더 초점을 맞춰 깊이 고민하고 있다.

대한민국에서 중소기업인으로 살아간다는 것

인재 확보는 창업 초기부터 염두에 두라

우리나라의 자영업 사장은 한 달에 900가지가 넘는 일을 해야 한다는 글을 읽은 적이 있다. 돌이켜보니 창업 초기에 실제로 그랬던 것 같다. 법적으로 문제가 될 항목도 300가지가 넘는 불리한 위치라고들 한다.

창업을 한 뒤 남에게 보여줘도 될 법한, 이른바 쓸 만한 제품이 나올 때까지는 5년 이상의 시간이 걸렸다. 그럴 수밖에 없었던 이유는 간단했다. 우리가 만들고자 하는 제품이 워낙 독특한 기술력을 요구하는 까닭에 국내에는 이것을 아는 사람, 즉 경력자가 없었기 때문이다. 하나부터 열까지 우리 손으로 직접 문제를 해결하다보니 당연히 오랜 시간이 걸린 것이다. 그나마 다행스러운 것은 5년이라는 짧지 않은 시간을 어떻게든 버텨왔다는 점이다.

　돌이켜보면 나의 정신력과 체력이 남보다 조금 더 나았던 것 같다. 한번 하겠다고 결심한 일은 웬만해서는 포기하지 않는 질긴 근성도 있었다. 창업 초기에 이미 그 근성을 발휘하고 있었던 터라, '하면 된다'라는 너무나도 단순하지만 변하지 않는 진리를 믿고 꾸준하게 밀어붙여온 게 주효했던 것이 아닐까 싶다. 더불어 어릴 때 운동을 좋아했던 성향을 십분 발휘해 매진한 덕분에 혈관종양이라는 선천성 질병도 극복하게 되었던 듯하다. 그렇게 운동을 통해 체력을 단련해온 것이 힘든 창업 초기에 자산으로 사용될 줄은 꿈에도 몰랐다.

　처음에는 연구 개발은 물론 매달 처리해야 하는 경비 정산 업무와 건물관리, 보안관리에 청소까지 해야 했다. 요즈음은 건물관리 회사가 청소까지 책임지고 있지만, 그때만 해도 남동공단 2단지의 허름한 공장에서 그런 서비스는 꿈도 꾸지 못했다. 모든 비용을 최소화해야 했기 때문에 직원이 해야 할 일이나 대표가 해야 할 일의 구분이 없었다. 나는 필요한 모든 일을 해야 했고, 모든 것을 심사숙고해서 결정하고 처리해야 했다.

5년이라는 시간이 흐르자 이 정도면 판매해도 괜찮겠다고 생각되는 제품이 나왔다. 당연히 나는 그때부터 영업사원이 되어야 했다.

혼자서 여러 가지 일을 하다보니, 회사가 어떻게 돌아가는지 꼼꼼하게 들여다보지 않아도 마치 천리안으로 보듯 자세히 알 수 있게 되었다.

회사의 규모가 커질수록 사장이 해야 할 일도 그에 맞추어 변하게 된다. 규모가 커진 만큼 수백 가지의 일을 혼자서 다 처리할 수는 없기 때문이다. 이제 다른 일을 해야 하는 것이다.

그렇다면 회사를 이끌어가는 리더가 해야 할 일은 무엇일까? 나는 그 문제를 놓고 한참 고민해보았다. 회사 내부의 불만을 최대한 줄여주는 일을 하는 사람이 바로 리더가 아닐까 싶었다. 내일, 혹은 회사 일을 원활하게 해줄 사람들을 붙들고 잔소리만 늘어놓는 것이 사장의 역할은 아닐 것이라는 생각도 들었다.

중소기업의 인재관리는 가능하면 처음부터 함께 시작해서 오래 같이 갈 수 있는 사람을 선발해 육성하는 데 주안점이 있다고 본다. 사실 중소기업의 가장 큰 문제는 우수한 인재를 구하기 쉽지 않다는 점이다. 다행스럽게도 우리의 경우는 창업 멤버가 지금까지 나와 함께 위너테크놀로지를 이끌어가고 있다.

창업을 할 때 먼저 고려해야 할 것 중 하나가 인사 문제였다. 학력이나 경력 등을 봤을 때 지금은 다소 부족하더라도 믿고 함께 갈 수 있는 인재인지를 다각도로 살피며 따져봐야 한다. 특히 창업 초기라면 인성도 고려하지 않을 수 없다.

위너테크놀로지가 어느 정도 안정기에 접어들면서 대기업 임원 출신을 영입하기도 했다. 하지만 화려한 경력의 그들은 얼마 안 가 퇴사를 하곤 했다. 나는 그들이 우리 회사를 성장궤도에 올리는 데 핵심적인 역할을 하리라는 기대를 갖고 우리 회사 직원들의 임금 수준보다 더 높은 비용을 지불하고 채용했지만, 그들의 역량이 중소기업에 맞지 않았던 것이다.

그들은 대기업에서 승진을 거듭하면서 어느 순간 명령을 내리는 데 익숙해져 있었고, 모든 일을 머리로만 처리하려고 했다. 대기업 경력자들이 중소기업에 입사할 경우, 그들도 소위 예전의 잘나가던 때를 잊고 초심으로 돌아가 바닥부터 다시 시작해보겠다는 각오가 필요하다고 본다.

그런데 그들은 대부분 호시절을 잊지 못하거나 '내가 왜 이런 곳에 있나?' 하며 불만족스러워하다가 어떤 일이 계기가 되면 미련 없이 자리를 박차고 나가버린다.

비록 연구직이긴 했으나 나도 대기업에 몸담았던 사람으로서 아주 이해 못 할 바는 아니다. 더구나 대기업에서 큰 조직을 이끌어본 경험이 있는 사람이라면 작은 조직을 자칫 얕잡아보기 쉽다. 중소기업의 생태계는 대기업의 그것과는 하늘과 땅만큼 차이가 있기 때문이다. 따라서 대기업의 근무 환경에 익숙해진 그들이 다른 환경에서 적응하기는 쉽지 않을 것이다.

그들을 보면서 중소기업의 인재는 창업 초기부터 키워야 한다는 내 신념은 더욱 확고해졌다. 그런데 어떻게 인재를 키워야 할까?

돌이켜보니 강소기업이 되기 위해 인사관리에서 중요한 것은 평등의식과 자존감이었다. 인사관리는 직원들이 마음 편하게 일을 할 수 있도록 해주는 경영 업무 중 핵심이다.

평등의식을 조성하고 뿌리내리게 하기 위해서는 직원들의 불만을 최소화해야 한다. 조직이 잘 돌아가려면 직원들의 마음속에 불평불만이 적어야 하기 때문이다. 임직원의 불평불만을 최소화하는 역할을 맡은 사람이 바로 리더이다. 생산, 마케팅, 행정 등 각 부서의 직원, 팀장, 임원 등이 제각기 가지고 있는 불만의 결이 서로 다르므로 리더는 그들의 마음을 이해하고 포용할 수 있어야 한다. 따라서 직원들의 불만을 융합하고 최소화하는 정책을 만들기 위해 노력해야 하는 것이 조직을 이끄는 리더의 역할이라고 볼 수 있다.

스스로를 돌아보고 생각하며 공부하다보니 리더의 역할이 얼마나 중요한지 알 수 있었다. 더불어 제품을 알리고 팔러 다니는 것만이 리더의 역할은 아니라는 사실도 알게 되었다.

나도 10여 년 전부터 역할을 바꾸기 시작했다. 직원의 숫자가 30명 정도에 이르렀을 때였다. 불만이 곳곳에서 터져 나오기 시작했다는 사실을 감지하게 된 것이다. 그것도 자신이 위치해 있는 수준에 따라 불만의 결이나 그 종류도 제각기 달랐다.

불만을 최소화할 수 있는 방법은 여러 가지이다. 복지정책이 될 수도 있고, 급여가 될 수도 있고, 마케팅에 필요한 경비를 지원하는 일이 될 수도 있다. 따지고 보면 모두 돈과 관련되어 있다.

불만을 해소할 방법을 찾는 중에 그들의 애로 사항이 무엇인지를 파악하게 되었고, 업무에 집중할 수 있도록 신경 쓰고 배려해야 한다는 사실도 알게 되었다. 그 과정에서 잊어서는 안 될 것이 바로 형평성이다. 업무의 많고 적음을 판단해주는 형평성은 물론 사원, 팀장, 임원 등 직급별로 균형을 잡아주는 것도 경영자가 해야 할 일이라고 생각한다.

최근 젊은 창업자들을 자주 만난다. 그들에게서 발견되는 공통점이 하나 있다. 창업 초기부터 모든 것을, 이를테면 조직부터 근사한 사무실 환경까지 모든 것을 완벽하게 갖춰놓고 시작하려 한다는 점이다. 보이는 것에 너무 신경을 쓰는 그들을 보면 한마디 하고 싶어진다. 시작부터 그렇게 해서는 안 된다고.

편리하고 근사한 환경을 갖추려면 돈이 든다. 인력을 갖추기 위해서는 인건비가 들고, 번듯한 사무실을 구하기 위해서는 운영비가 필요하다. 물론 업종에 따라 멋진 사무실이 필요한 경우도 있지만, 최소 경비로 가능한 많은 일을 해야 하는 시기가 바로 창업 초기이다.

위너테크놀로지는 올해로 창업한 지 26년이 되었다. 그런데 지금까지 개업식이라는 것을 한 번도 해본 적이 없다. 지금의 평택 공장을 지으면서도 착공식이니 준공식이니 하는 행사를 하지 않았다.

이제 막 출발하는 작은 회사인데 굳이 경비와 시간을 들여가면서 이벤트성 행사를 해야 하나, 라는 생각이 들었기 때문이다. 마치 호화 결혼식 같은 것이라고 생각했다. 그것은 오로지 남에게 보여주기 위한 일일 뿐이라고.

'핵심 경비가 아닌 것에는 돈을 쓰지 않는다'는 결정에 대해 한 번도 부끄럽다고 생각해본 적이 없다.

최근 모 회사의 개업식에 참석한 적이 있다. 뷔페식으로 근사하게 음식을 차려놓고 손님들을 초대한 행사였다. 그런 멋진 이벤트를 하는 기업을 볼 때면 나도 모르게 이런 생각이 든다.

'이건 좀 과하지 않나? 그래도 이 회사는 오래갔으면 좋겠다.'

화려한 이벤트를 많이 하는 스타트업 회사일수록 오래가는 것을 보지 못했기 때문이다. 타인의 눈을 의식하면서 그럴듯하게 보이는 겉모습에 치중하는 경영자라면, 그런 마인드로 무장한 경영자라면 과연 그 기업을 10년 후, 20년 후에도 찾아볼 수 있을까?

리더의 잔소리는 고래의 숨도 멈추게 한다

리더는 잔소리를 하는 사람이 아니다. 제작 현장에 가서도 잔소리를 하지 않는다. 그것은 내 일이 아니기 때문이다. 청소가 되어 있지 않은 기계가 눈에 거슬려도 절대 그 자리에서 지적하지 않는다. 그것은 나중에 회의 때 팀장에게 지적해야 할 사항이다. 따라서 사장이 즉석에서 손가락으로 가리키며 청소할 것을 지시해서는 안 된다.

리더는 여러 면에서 여유가 있어야 한다. 직원들이 일하는 데 어떤 불편함이 있는지, 조직 내에 어떤 불만이 있는지를 알아내려면 여유가 있어야 한다. 눈에 곧바로 지적해야 할 사항이 보인다고 해도 그 자리에서 직접 하기보다 조금 기다렸다가 후에 수정 사항을 지시해도 늦지 않는다.

직원들의 불만은 급여에서 가장 민감하게 터져 나온다. 작은 예를 하나 들어보자. 제조 라인에는 오버타임 수당이 있다. 수당을 급여에 반영해 매달 받게 되면 같은 경영지원본부 직원이 보기에 마치 자신보다 월급을 더 많이 받아가는 것처럼 느끼게 된다. 제조부서의 직원이 야근을 하거나 주말에 나와 특근을 한 사실은 까맣게 잊어버린 채 돈의 액수만 보는 것이다. 한 달 두 달 쌓이다보면 경영지원본부 직원의 불만은 풍선처럼 부풀어 오르게 된다. 그러므로 이러한 불만이 쌓이기 전에 털어놓고 대화를 해야 한다. 조직의 크기와 상관없이 불만이 쌓이면 서로에 대한 신뢰는 무너져버리기 때문이다. 조율을 하고 설득하면서 각자 맡은 일에 대한 성과를 얻고, 그 성과에 대해서는 정확하게 인정할 수 있도록 분위기를 조성해나가야 한다.

직원들의 인성도 중요하지만 대표의 인성도 그에 못지않게 중요하다. 만약 다니던 회사에서 기술이나 아이디어를 가져와 창업한 사람이 있다고 하자. 그는 창업하고 나서도 직원들을 오롯이 믿기 어렵다. 그러다 보니 직원들의 행태를 사사건건 간섭하고 통제하게 될 것이다. 이유는 간단하다. '내가 한 것처럼 너도 혹시 기술을 가지고 나가지 않을까'라는 불안과 두려움 때문이다.

이런 상황이 벌어지면 원만하게 소통하기가 쉽지 않다. 대표가 마음을 열지 않고 직원을 삐딱하게 대하는데, 어떻게 직원이 선뜻 마음을 열겠는가?

나는 조직이 안정된 이후 급여 부문에 가장 많은 신경을 써왔다. 월급쟁이에게는 뭐니 뭐니 해도 가장 중요한 것이 돈이다. 나는 위너테크놀로지 법인의 대표로 등기부에 이름을 올렸지만, 그리고 내가 회사를 창업했지만, 나 또한 회사에서 월급을 받는 월급쟁이이다.

월급으로 자신의 인생을 편안하게 영위할 수 있다면 가장 큰 복이 아닐까 싶다. 그런데 인력을 채용할 때 보면 이미 정규직과 비정규직에 커다란 풀pool이 있고 정규직에는 두터운 장벽이 서 있는 듯하다. 대학을 졸업했거나 혹은 적정한 자질을 갖춘 후 사회로 진출하고자 하는 사람이라면 한결같이 정규직의 풀에 들어가고자 한다. 그 장벽을 넘기 위해 대학입시보다 더한 시험 준비를 하면서 시간 낭비를 하고 있다.

그런데 한번 살펴보자. 회사에서 주는 월급이 차곡차곡 쌓여 자신의 통장 잔고가 늘어나고, 또 월급으로 안정된 삶을 영위해 나갈 수 있다는 판단이 서면, 그 회사에서 오래 일하고 싶은 마음이 들게 마련이다.

이른바 '법카'라고 하는 회사의 법인 카드 사용에 대해 말해보자. 물건을 사거나 혹은 경비를 지불하기 위해 결제를 해야 하는 곳이면 어디든 마치 무소불위의 검처럼 휘두를 수 있는 법카의 매력은 내 주머니에서 돈이 나가는 게 아니라는 데 있다. 회사 경비로 내가 마음대로 지불할 수 있다는 착각이 들면 편안하게 결제하게 되는 게 사람의 마음이다.

우리 회사에서는 처음부터 직원들이 법인 카드를 쓰는 데 제한이 없었다. 그러다 보니 운동복이나 운동화 등 자신에게 필요한 생필품을 사기도 했다. 게다가 어느 달에는 경리부에서 볼펜을 엄청 많이 사기도 했고, A4 인쇄용지가 갑자기 동이 나는 경우도 있었다. 소소하게 인쇄용지 한 묶음을 퇴근할 때 슬쩍 들고 가는 직원들이 있었기 때문이다.

하지만 잔소리를 하지 않았다. 심지어 눈에 띄어도 말 한마디 하지 않았다. 수개월 후 회사 내에서 직원들이 법인 카드를 쓰는 기준이 자체적으로 마련되는 분위기가 조성되기 시작했다.

대표도 그렇게 개인용품 구입에 법인 카드를 쓰지 않는다는 사실을 알게 되자 경영지원본부를 시작으로 조직 내에 자정작용이 일어난 것이다.

물론 자정작용이 일어나고, 또 어느 정도 분위기가 잡히기까지는 시간이 걸렸다. 그렇다고 해서 큰 손해를 본 것도 아니다. 대표가 나서서 사사건건 간섭하면 그게 더 꼴불견일 것이다.

이 같은 분위기가 회사의 문화로 자리 잡기 위해서는 사장의 솔선수범하는 행동과, 기다려주는 느긋한 마음가짐과, 적정한 시간이 절대적으로 필요하다.

이제는 인쇄용지를 가져가라고 해도 가져가는 직원이 없다. 아이들 챙겨주느라 볼펜을 더 많이 사는 일도 없다.

"여러분이 필요한 건 회사가 사줄 수 있어요."

내가 굳이 나서서 이런 말을 하지는 않았지만, 직원들은 '회사가 나를 위해 지원해주고 투자해주는구나'라는 것을 느꼈을 테고, 이 같은 메시지가 암묵적으로 통했기 때문이라고 생각한다.

회사마다 차이가 있겠지만 리더인 대표가 스스로 이런 분위기를 이끌어나가야 한다. 대표와 직원의 인성이 서로 화학적인 반응을 일으켜 잘 융합되어야 이른바 '케미'가 이루어지고, 이 과정이 빨리 일어날수록 그 변화는 급물살을 타게 될 것이라고 생각한다.

하지만 경영진은 회사 금고를 마치 자신의 사금고처럼 이용하면서 직원들에게만 일방적으로 경비를 비롯해 회사 관리 전반을 철저하게 따지며 지킬 것을 강요한다면 결코 안정적인 조직의 분위기를 조성할 수 없을 것이다.

형평성이 무엇보다 중요하다

직원들이 일을 진행하는 데 필요한 지원이 잘 되거나 회사에서 각자의 삶을 영위해나갈 수 있도록 회사와 경영진이 관심을 가지고 지원한다는 사실을 굳이 말하지 않아도 느낄 수 있도록 실제적인 지원이 이루어져야만 한다. 그렇지 않으면 안정적인 회사의 분위기나 조직 문화가 자리 잡기는 어렵다.

그리고 직원들이 한 해 동안 열심히 일했으니 올해 보너스와 인센티브를 책정해서 나눠준다는 사실을 인지시키고 그대로 실행하면 된다.

위너테크놀로지는 여느 기업처럼 연초가 되면 매출을 포함해 올해 달성하고자 하는 경영 목표를 세운다. 매출이 초과 달성되면 잉여금이 생기게 마련이다. 이 잉여금은 직원들과 경영진이 나누어 갖는다. 매출이 초과 달성될 경우 분기 결산 후 당연히 인센티브를 지급받는다는 사실을 인지하면 직원들은 더욱 열심히 일하게 마련이다.

하지만 그런 분위기를 가진 회사는 많지 않다. 그렇게 되기까지는 노사의 기다림과 인내 그리고 직원과의 소통이 필요하기 때문이다.

요즘은 그런 사람이 없겠지만 한때는 회사를 단지 돈을 빼먹는 곶감처럼 생각하고, 직원을 자신에게 돈을 벌어다주는 노예처럼 생각하는 사장들이 있었다. 번 돈을 어떻게 뒤로 빼돌릴까, 돈 세탁은 어떤 방법으로 하는 것이 가장 안전할까만 머릿속에 잔뜩 들어 있는 사람의 회사는 당연히 정상적으로 돌아갈 수 없다. 불합리한 일이 수시로 일어날 것이고, 직원들은 경제적·정서적 피해를 당할 것이며, 결국 얼마 버티지 못하고 그 회사는 문을 닫게 될 것이다.

회사는 사장 혼자만의 것이 아니다. 창업을 할 때 조직을 이끌며 리더의 역할을 해왔기 때문에 '내가 주인이다'라고 생각할 수 있지만, 애쓴 직원들과 실적을 서로 나누고 어려움도 함께할 때 조직은 더 바람직하게 변하고 더 커지게 마련이다.

좋은 회사를 만들어가려면 직원들 간의 신뢰도 중요하다. 서로의 신뢰가 무너지면 회사가 제대로 굴러가기 어렵다. 일례로 월급의 소소한 차이에 예민해지는 직원들의 사례를 들어 보자.

월급쟁이가 노동의 대가로 받는 월급에 대해 예민한 것은 당연한 일이다. 자신과 비슷하다고 생각하는 동료 직원과 월급에서 차이가 나면 이는 대단히 민감한 문제가 될 수 있다. 하지만 경영지원본부 직원과 공장에서 근무하는 현장 직원의 월급에는 차이가 날 수밖에 없다. 기본급은 같아도 근무시간 외 잔업을 할 경우 관리직과 현장직의 수당이 달라지기 때문이다.

각자의 월급을 어떻게 알게 되었는지 모르지만, 그 결과에 납득하지 않을 경우 사소한 불만이 쌓이게 된다. 작은 틈 하나가 댐을 무너뜨리듯 직원들의 사소한 불만이 쌓이다보면 이내 눈덩이처럼 불어나, 결국 회사에 대한 신뢰에도 금이 가게 된다.

특히 연구 개발을 위한 투자를 준비 중일 때 이와 같은 문제가 조직에 예민한 사안으로 떠오를 수 있다. 연구 개발의 과정을 거쳐 성과가 나오기까지 시간이 걸리는데, 외형적으로 보면 연구 개발에 투입된 직원들은 현장에서 일하는 자신보다 일은 덜하면서 월급은 더 많이 받아가는 것처럼 인식될 수 있다. 이해관계가 얽히면 풀어나가기 쉽지 않다. 특히 자본주의 사회에서 살아가는 우리는 돈에 대해서 아주 민감해지기 마련이다.

대표는 조직 내에서 일어나는 일이 어떤 파장을 가져올지 예의 주시해야 한다. 불만이 제기되는 조짐이 감지되면 조직원 모두가 공감할 수 있도록 설명하고 설득해야 한다.

우리 회사는 지방에서 온 직원들을 위해 무료로 기숙사를 제공하고 있다. 그런데 출퇴근하는 직원들이 기숙사를 무료로 사용하는 직원들보다 자신들이 월급을 적게 받는 것 같다면서 불만을 제기하는 경우가 있다.

이럴 때는 단호하게 설명을 해야 한다.

"기숙사에 들어오세요. 기숙사 무료로 제공되는 것 알죠?"

거의 대부분의 회사가 그러하듯 위너테크놀로지도 인재를 수도권에서만 선발하지는 않는다. 지방에서 올라온 직원들도 많은 비중을 차지한다. 그런데 수도권에서 출퇴근하는 직원들 중 몇몇이 자신들에게 교통비를 지급해달라고 요청하는 것이었다.

그런 생각을 가진 사람들에게 지방에서 온 직원들의 상황을 이해시키기는 쉽지 않다. 익숙하고 편안한 집과 고향을 떠나 타지 생활을 하는 것도 모자라, 두세 명이 한 방에서 살아야만 하는 기숙사…… 다소 불편한 환경을 감내하고 우리 회사를 자신의 직장으로 선택한 그들의 심정을 한번 생각해보라고 하면, 출퇴근 직원들은 "내가 왜 그래야 하나요?"라면서 오히려 반문할지도 모른다. 이럴 경우에는 회사의 상황을 정확하게 인지시키고 선택은 그들의 몫으로 남겨둬야 한다.

그렇다고 해서 대표가 수도권에서 출퇴근하는 직원들의 이 같은 불만에 짜증을 내서는 안 된다. 그들도 함께 가야 할 위너테크놀로지의 소중한 직원들이기 때문이다.

한때 임원들에게 휴대전화를 무상으로 지급한 적이 있었다. 물론 우리 회사만 그런 것은 아니다. 회사의 복지라는 명목하에 회사에서 매월 이용료를 지급한다는 조건으로 휴대전화를 지급한 것이다.

그런데 일부 회사에서는 위치추적 장치를 디폴트로 깔아놓는다고 한다. 임원들이 어디에서 무엇을 하는지 감시하고 감독하기 위해서였다. 우리 회사는 부장급 이상인 경우 각자 사용하는 휴대전화 비용을 회사에서 지불한다. 차이점이 있다면 휴대전화를 지급하지는 않는다는 것이다. 그 대신 업무용은 물론 개인용으로 사용한 이용료를 모두 회사에서 지불한다. 각자의 개인 휴대전화이지만, 회사 일을 할 때에도 그 휴대전화를 사용한다는 전제조건을 받아들이고 그들을 믿고 간다. 비용의 문제가 아니라 근로자와 회사 간 신뢰의 문제인 것이다.

직원의 자녀들도 내 아이처럼 품어주라

위너테크놀로지에서 일하는 직원들의 신뢰는 하루아침에 만들어진 것이 아니다. 생각컨대 그것이 촉발된 것은 창업한 지 10여 년이 지난 어느 해가 아니었을까 한다. 창업을 할 때부터 직원들의 학자금을 지원하고 싶었지만, 적자가 계속되는 바람에 실행하기가 어려웠다.

박사학위 과정을 마치면서 공부가 왜 중요한지를 생각해본 적이 있었으므로, 창업 초기부터 다음과 같은 문장을 경영 슬로건처럼 내걸었다.

'자녀의 대학 교육비를 회사에서 지원해드립니다.'

창립 초기 멤버들이 모두 20대 청년들이었기에 그들이 결혼을 하고 아이를 낳아서 그 아이가 대학교에 입학할 시기가 되면 위너테크놀로지는 성장궤도에 오를 것이라고 예상했고, 그렇게 직원들을 독려하며 함께 가고 싶었던 것이다.

그러던 중에 남동공단 2단지에서 더 이상 공장을 운영할 수가 없었다. 공장 건물주가 유틸리티 공사(생산에 필요한 부수적인 기초공사)는커녕 냉각수 공사도 못 하게 했으므로, 더 이상 부품을 제작하기가 어려워졌기 때문이다.

2002년 결국 자체 공장을 지어야겠다고 결정한 뒤 괜찮은 공장 부지를 물색하며 경기도 일대를 돌아다니던 중 땅값을 비롯해 여러 가지 부대비용이 인천의 공업단지보다 적게 들어갈 것으로 판단되는 곳이 바로 평택이었고, 그 지역 안중에서 부지를 매입했다.

그런데 인천 남동공단에서 함께 근무했던 창업 초기 직원들 중 회사가 평택으로 이전하면 그만두겠다는 생각을 가진 친구가 적지 않았다. 거리가 너무 멀기 때문이었다.

어쩔 수 없이 새로운 직원을 채용할 수밖에 없었는데, 이때 지원자들 중에는 기혼자들이 제법 많았다. 대학입학을 앞둔 자녀를 가진 사람들도 있었다.

길게 생각하고 내건 '자녀의 대학 교육비를 회사에서 지원한다'는 경영 슬로건을 실제로 실천해야 할 시기가 온 것이다.

사실 평택으로 이전한 뒤에도 회사는 여전히 적자였다. 오히려 공장 설립까지 하는 바람에 빚은 더 늘어난 상태였다. 그런데 앞으로 생사고락을 함께할 새로운 직원들의 자녀가 대학 입학을 앞두고 있다니…….

상황이 나아진 뒤에 실천하느냐, 아니면 약속했던 대로 결행하느냐, 결단이 필요했다. 오랜 생각 끝에, 비록 적자를 면하지 못한 상태이지만 약속했던 자녀들의 학자금 지원을 단행하기로 했다.

나중에 알게 되었지만, 당시 회사의 경영 상태가 그다지 좋지 않은데도 불구하고 은행에서 대출까지 받아 자기 아이들의 대학 학자금을 지원해준 사실을 알게 된 직원들은 회사에 대해 다시 한번 생각하게 되었고, 그 이후 '회사에 뼈를 묻어야겠다'는 식으로 마음가짐이 바뀌었다고 한다. 결혼을 앞둔 직원들도 그 사실을 전해 듣고는 더 열심히 일해야겠다는 다짐을 하게 되었다고 한다.

'내가 이 회사를 계속 다니면 아이가 태어나도 학자금 걱정은 없겠구나.'

그렇게 생각하니 일종의 안정감이랄까, 회사에 대한 자부심이랄까 그런 마음이 생겨났다고도 했다.

그때부터 회사에 대한 신뢰가 굳건해졌다고 생각된다. 회사에 대한 애사심이나 신뢰는 대표가 사업에 대해 어떤 비전을 가지고 있는지, 또 그 비전에 대해 임직원은 어떻게 생각하는지 공감대가 형성되면서 선순환이 이루어지는 것이라고 믿는다.

임직원들은 회사가 자신을 배려한다는 감사의 마음을 가지게 되고, 대표 역시 직원들이 책임감을 가지고 일을 해나가며 그것이 매출 향상이라는 성과로 연결되는 모습을 보면서 신뢰란 상호 간의 약속과 마음이라는 생각을 하게 된다.

이렇게 다져진 신뢰는 회사에 위기가 닥칠 경우 긍정의 에너지로 전환된다. 앞에서도 언급했듯이 2019년 독일의 한 업체에 납품한 제품이 배송 과정에서 파손되는 상황이 벌어졌다. 굳이 따지자면 제품의 불량은 아니었지만, 분명 그 독일 회사는 난처한 상황에 직면한 것이다.

그 소식을 들은 시간은 오후 3시경이었다. 나는 곧바로 팀장급 이상을 모두 불러들여 회의를 시작했다. 그 자리에서 해결책을 찾아야 했다. 제품을 다시 만들어 배송할 것인가, 아니면 우리의 책임이 아니니 모르쇠로 일관하며 사태를 지켜볼 것인가를 놓고 결론을 내려야 하는 순간이었다.

내 마음 같아서는 전량을 다시 제작해서 보내주고 싶었다. 하지만 당시 주문이 밀려 있는 데다 계약한 날짜에 납품해야 할 제품을 만드느라 모두들 바쁘게 움직이고 있었다.

우리 회사는 공정 과정에서 팀별로 업무를 처리하고, 다음 과정으로 넘길 때 불량을 걸러내며 점검하는 시스템을 갖추고 있다. 맨 마지막에 포장하는 직원이 검수했을 때 오케이 사인이 나면 하자가 없다는 신호로 받아들인다.

모든 과정이 혼연일체가 되어야 최종 제품이 나온다. 그러므로 어느 팀에서 불만이 터져 나오면 독일 회사의 제품을 다시 만들기가 쉽지 않은 상황이었다.

공정 과정의 단계별로 팀원들의 의견을 취합한 결과 "다시 만들자"라는 결론이 났다.

"다른 기업의 납품용 생산을 중단하고 독일 업체에 납품했던 제품을 이틀간 다시 만들어 납품한다."

사실 이렇게 결정되었지만, 직원들의 마음속에 불평이 생길 수 있는 상황이었다.

"만약에 내가 물건을 샀는데 모두 깨져 있다고 하자. 1억 원 가까이 되는 제품이었는데……."

나는 기술의 국산화를 왜 이루어내야 했는지를 설명하면서 이렇게 서두를 꺼냈다. 이야기를 듣던 직원들은 "우리 회사의 신뢰는 곧 고객의 신뢰이기도 하다"라는 내 말에 공감했고, 수고로움을 감수하기로 마음먹었다. 그리고 우리 회사 임직원들은 이틀 동안 퇴근도 마다하고 꼬박 밤을 새며 제품을 만들어냈다.

돌이켜보면 아찔한 순간이었지만, 한편으로는 우리의 단합된 힘을 느끼게 된 참으로 대견하고 고마운 순간이기도 했다.

나중에 알게 된 일이지만, 사실 배송 사고를 당한 독일 업체는

"이런 일이 있을 수도 있지"라며 재주문을 내려고 했다고 한다.

그러던 차에 우리가 제품을 다시 만들어서 공들여 포장하고 항공으로 직배송을 해주었으니, 생각지도 못한 선물을 받은 독일 업체의 마음이 어떠했겠는가.

스웨덴의 K사라면 있을 수 없는 서비스였던 셈이다. 그 덕분에 독일 업체는 우리 회사에 무한한 신뢰를 보내게 되었다. 이렇게 인내심을 가지고 설득하고 직원들과 고객을 믿고 공감할 때 무한한 신뢰가 쌓이게 되는 것이다.

솔직히 임직원들이 법인 카드를 개인적인 용도로 사용하거나 비품을 남용할 때면 마음이 썩 좋지는 않다. 그럴 때면 가끔 이렇게 혼자서 중얼거리곤 한다.

"동빈아, 창업부터 지금까지 회사를 경영해온 건 따지고 보면 너 좋으려고 한 거잖아! 그리고 직원들의 복리후생도 너 좋자고 하는 거지. 직원들의 만족도가 올라가면 회사가 더 잘되는 거잖아. 그것도 너 좋은 일 아니니?"

좋은 차를 탈 수 있게 된 것도, 회사가 잘되어 주주로 배당을 많이 받는 것도 모두 내게 이익이 되는 일이다. 그러니 직원들의 복리후생을 당연히 챙겨야 하고 또 넉넉히 지원해야 하지 않겠는가.

우리 회사 임원들은 연말이 되어 인센티브를 받을 때가 되면 가끔 대표에게 와서 인센티브를 더 달라고 당당하게 말한다. 연초에 계획했던 목표를 상반기에 이미 달성했고, 자신들이 기대했던 목표치를 상당히 넘어섰기에 인센티브를 더 요구해도 된다고 생각한 것이다. 나는 두말하지 않고 곧바로 오케이 사인을 보낸다.

만약 임직원들의 요구를 비난하거나 수용하지 않는 대표이사가 있다면, 임직원들은 입도 뻥끗하지 않고 뒤돌아 욕을 퍼부을 것이다. 그러나 우리 회사에서는 이 같은 요구가 가능하다. 그렇게 말할 수 있을 정도로 자유로운 조직 문화가 형성되어 있기 때문이다. 나의 경영 철학은 이렇게 조금씩 쌓여가고 있다.

외환위기 이후 사회경제적인 양극화는 점점 심화되어가고 있다. 가진 자는 더 많이 가지고 못 가진 자는 더 어려워지는 사회적 분위기가 점차 심각해지는 양상을 보이고 있다. 그러므로 가진 사람이 먼저 베풀어야 한다. 물은 높은 데서 낮은 데로 흐른다는 사실을 기억해야 할 것이다. 회사에서는 경영자가 아무래도 가진 자 아니겠는가. 그러니 내가 먼저 베풀어야 한다. 그래야 직원들의 얼굴에 웃음꽃이 피고, 그것은 결국 성과로 이어진다.

강소기업이 많은 나라가 미래 경제를 지배한다

중소기업을 미래 산업의 황금거위로 만들라

대구의 한 중소기업이 7년간 40억 원 넘게 투자해 태양광 스크린 프린터 기술 개발에 성공했다. 이제 수익을 거두면서 그동안 투자한 금액을 회수할 수 있게 될 것이라고 생각했다.

그러나 기쁨은 잠시였다. H라는 대기업에 납품을 하던 이 중소기업은 자신들의 기술로 원청인 H가 비슷한 장비를 만들고 있다는 사실을 알게 되어 공정거래위원회에 신고했다.

3년간의 행정조사 결과, 공정위원회는 H가 이 회사의 기술을 탈취한 것임을 인정했다. 곧바로 이 회사는 민사소송을 했지만 1심에서 패소했다. 증거가 불충분하다는 이유였다. 상황을 살펴본 결과 공정위원회가 판단의 근거가 되는 문서를 제출하지 않았기 때문으로 드러났다.

우리나라 중소기업들이 기술 탈취와 분쟁을 호소하며 정부에 상담을 요청하는 건수가 해마다 6,000건이 넘는다고 한다. 중소벤처기업부에 따르면 이 같은 통합 상담 건수는 2018년에 5,724건이었으며, 2020년에는 6,541건으로 매년 증가하는 추세이다.

중소기업들의 요청으로 실태조사를 해보니 실제로 기술 침해 피해를 본 사례는 2021년 기준으로 33건에 달했고, 피해액은 189억 4,000만 원이라지만 사실 더 큰 숫자일 듯싶다.

최근 5년간 피해를 인지했거나 기술 침해가 발생한 중소기업 사례는 280건, 기술 유출 및 탈취로 인해 중소기업이 받은 피해를 금액으로 환산해보니 2,827억 원으로, 거의 3,000억 원에 육박하는 것으로 조사되었다. 대기업 혹은 유관 기업으로부터 중소기업의 기술 침해로 인한 피해가 끊이지 않고 있다는 사실을 확인할 수 있다.

특허청의 조사에 따르면 2000년 이후 4년간 대기업과 중소기업 간 특허분쟁이 일어날 경우 중소기업의 패소율이 50퍼센트를 넘는 것으로 나타났다. 심지어 2021년에는 기술 유출 혹은 탈취가 인정되어도 법적 공방에서는 소송을 제기한 중소기업의 75퍼센트가 패소하는 것으로 조사되었다. 10건 중 2건 정도가 중소기업이 승소하는 것이다.*

중소기업이 소송 준비를 하면서 공정거래위원회 등에 자료를 요청하면 업무상 비밀 엄수 의무 등을 이유로 소극적으로 대응하는 것으로 드러났다.**

애써 기술 개발에 성공을 거두어도 자칫 경영난에 허덕이게 되면 중소기업의 기술은 대기업으로 빨려 들어가고 만다.

이것은 자본주의 사회에서 있어서는 안 될 엄중한 범죄이다. 하지만 실제 중소기업이 기술 탈취를 인정받아도 오랜 시간 법적 공방을 다퉈야 하는 고통이 계속될 수밖에 없다. 회사 경영에만 집중해도 글로벌 무대에서 수많은 기업들과의 경쟁에 이길 수 있을까 말까 하는 무한 경쟁의 자본주의 사회에서 이 같은 행위는 반칙이다. 힘으로 밀어붙여 빼앗는 무뢰배와 다를 바 없는 것이다. 세계 무대에서 우리나라 중소기업이 기술로 승부하기 위해서는 국내에서 먼저 철저하게 보호되어야 한다.

● "우리 회사 에이스가 떠났어요"……대기업서 쓰는 기술이 어쩐지, 『매일경제』, 2023.5.16.
●● 증거 찾아 애타는 중소기업……행정기관은 제출 소극적, KBS 뉴스, 2023.6.7.

지나친 대기업 편향 경제가 괴물을 낳는다

우리나라의 경제는 대기업에 지나치게 집중되어 있는 경향이 다분하다. 반도체를 예로 들어보자. 삼성, SK 하이닉스 등 소수의 대기업이 도맡고 있는 반도체라는 산업의 수출 물량이 대한민국 국내총생산GDP의 7.6퍼센트를 차지한다. 반도체 수출 물량이 10퍼센트 줄어들면 우리나라 GDP가 0.78퍼센트 감소한다는 게 한국경제연구원KDI의 연구 결과이다.[*] 2022년 기준으로 우리나라 실질 GDP 규모가 1,965조 원에 이르니, 반도체 수출 물량이 전체 GDP 중에서 137조를 차지하고 있다는 말이다. 반도체는 우리나라를 먹여 살리는 중요한 기술이자 수출 품목인 것은 분명하다.

제4차 산업혁명 시대의 도래로 스마트폰을 비롯해 IT 기술이 쓰이지 않는 곳이 없을 정도로 비중이 커지면서, 반도체 기술은 이제 단순히 수출품이라는 경제적인 측면에서 벗어나 정치외교적인 분야까지 깊숙이 파고들면서 현재 전략적인 국가의 대표 상품이 되었다. 대한민국은 GDP 기준으로 세계 10위에 오르는

● KDI "반도체 2~3분기에 바닥……수출 물량 10퍼센트 줄면 GDP 0.78퍼센트 감소", KBS 뉴스, 2023.5.1.

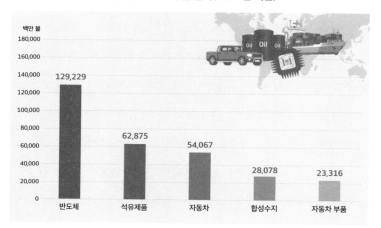

대한민국 10대 수출 품목

(단위: 백만 불)

	2018	2019	2020	2021	2022
1위 반도체	126,706	93,930	99,177	127,980	129,229
2위 석유제품	46,350	43,036	37,399	46,465	62,875
3위 자동차	40,887	40,691	24,168	38,121	54,067
4위 합성수지	24,856	22,535	19,749	29,144	28,078
5위 자동차 부품	23,119	20,657	19,202	22,988	23,316
6위 철강판	22,960	20,251	18,640	22,776	22,401
7위 평판시스플레이 및 센서	21,275	20,159	18,151	22,494	21,299
8위 정밀화학원료	19,669	18,606	15,997	21,573	18,799
9위 선박해양구조물 및 부품	17,089	14,082	13,426	16,816	18,178
10위 무선통신기기	10,760	10,292	13,184	16,194	17,231

출처: 통계청

경제 강국이다.

대한민국은 수출해서 먹고사는 나라이다. 통계청의 수치가 말해주듯이 10대 수출 품목은 거의 대부분 대기업의 브랜드로 제조되어 수출되고 있다. 우리나라 전체 수출액 규모의 70퍼센트를 이들 대기업이 차지한다고 봐도 과언이 아니다.

대기업의 이 같은 눈부신 성과는 우리나라의 작은 기업, 즉 강소기업들의 뒷받침과 정부의 지원 없이는 불가능한 구조이다. 그런데 강소기업, 즉 중소 규모의 기업들이 우리나라에서 안전하게 사업을 하기는 쉽지 않다.

기술력을 가진 중소기업이 많아야 하고, 또 그들이 든든하게 자신의 브랜드를 걸고 세계 무대에 도전장을 내밀며 사업을 할 수 있는 분위기가 조성되어야 하는 이유를 사례를 통해 생각해보자.

지난 2019년 7월 1일 일본 경제산업성이 반도체와 디스플레이 제조 핵심 소재의 수출을 제한하기로 발표하면서 사실상 대한민국의 경제 제재에 돌입하게 되었다. 당시 불화수소, 불화 폴리이미드, 리지스트 등 반도체 생산에 없어서는 안 될 중요한 소재 부품으로 인해 언론은 연일 우려의 목소리를 높였다.

도화선은 정치에서 시작되었다. 한일 간의 관계는 외줄 타기처럼 위태롭다. 조선시대 말 식민 지배를 받은 대한민국이 제 2차 세계대전이 끝난 뒤 제대로 역사적인 청산을 하지 못한 까닭에 아직도 양국 간에는 앙금이 남아 있고, 정권이 바뀔 때마다 외교정책이 오락가락하는 것이 현실이다. 2019년 일본의 한일 무역분쟁 역시 한일 간의 외교적 마찰로 빚어진 국가 간 분쟁에서 비롯되었다.

일본은 '국제 평화와 안전 유지를 위해서'라는 명분을 내걸고 이 같은 발표를 단행했고, 한국의 반도체 업계는 위기 국면에 처하게 되었다는 보도가 잇따랐다. 우리나라는 즉각 WTO에 제소했고, 다행스럽게도 WTO는 일본의 부당함을 지적하며 한국의 손을 들어주었다.

지금껏 언론을 장식하는 뉴스는 늘 효자 상품 '반도체의 승승 장구' 소식이었다. 하지만 이 사건을 계기로 반도체 업계의 발등에 떨어진 불이 소재 부품 분야의 기술력 강화와 상용화였다.

우리나라에서도 수많은 공업단지에서 반도체 생산에 필요한 소재 부품 기업들이 애를 쓰며 연구 개발을 하고 있다. 그러나 우리나라의 소재 부품 기업들은 대부분 영세한 경영으로 인해 눈에 띄기 어렵다. 기술력이 조금 부족한 제품도 있다. 정부는 발 빠르게 소재 부품 중소기업을 물색하고 부족한 기술력을 보완하기 위해 총력을 기울였다.

다행스럽게도 고순도 불화수소를 비롯해 불화 폴리이미드, 리지스트 등 국내에서 생산하던 기업들이 주목받고 강해지는 계기가 되었다.

우리나라에서 소재 부품 분야로 세계 1위 기업이 되기는 쉽지 않다. 일본 기업에는 기술력에 밀리고, 중국의 경쟁 기업에는 그들이 내세우는 가격 경쟁력을 따라가지 못하니, 재투자는 고사하고 생존 자체가 불투명할 수밖에 없다.

강소기업이라고 해도 자본금이 넉넉지 못한 경우가 대부분이다. 기술 개발에 집중하기도 역부족이라는 말이다. 장기적인 비전을 세우고 세계적인 기업으로 발돋움하기는커녕 국내에서 자생력을 키우는 것조차 쉽지 않다.

심지어 기술력을 가지고 있는 중소기업이라고 해도 언제 대기업이나 경쟁 기업으로부터 공격을 당해 순식간에 기술을 빼앗길지 알 수 없다.

중소기업의 강자 히든 챔피언

최근 정부가 강소기업을 육성해야 한다고 강조하면서 목소리를 높이고 있다. 그렇다면 강소기업이란 무엇일까?

언제부터 강소기업이라는 단어를 쓰기 시작했는지 정확히 알기는 어렵다. 그러나 한 가지 분명한 사실은 1997년 IMF 외환위기가 터진 후 국가 부도 사태를 조기에 종식하기 위해 정부는 물론 대기업까지 나서서 구조조정에 들어갈 것을 권고하고, 기업도 살아남기 위해 자발적으로 구조조정에 나섰다. 결국 사업 구조조정 과정에서 함께 근무하던 직원들을 내보낼 수밖에 없었다.

이후 IMF 외환위기를 극복하고 점차 경제가 회복되었지만, 사회경제적인 격차로 양극화가 불가피해졌다. 그 후 기업들은 인력을 충원할 때 정규직과 비정규직으로 구분했고, 정규직은 좋은 일자리, 비정규직은 나쁜 일자리라는 공식이 생기게 되었다.

우리나라의 경우 강소기업이라는 단어는 2000년대 이후 대기업이 신입사원 채용을 줄이면서 이른바 '좋은 일자리'가 점차 줄어들어 청년들의 취업이 막히기 시작했다는 보도가 잦아지면서부터라는 견해가 있다.

좋은 일자리를 얻지 못한 청년들이 강소기업에 취업을 하게 되었는데, 이때 강소기업을 나누는 기준이 정의되었다.

고용노동부의 취업 포털인 워크넷에서 정의하는 강소기업의 기준은 다음과 같다. 먼저 임금 체불이 없는 기업, 고용 유지율이 높은 기업, 산업 재해율이 낮은 기업, 신용평가등급 B- 이상인 기업, 상호 출자 제한 기업 집단 및 공기업이 아닌 기업, 인력 규모 10인 이상을 유지하는 기업, 기타 서비스 업종이 아닌 기업 등이다.

이 기준은 취업 포털에서 정의한 만큼 기술 중심의 기업에 대한 평가보다는 안정적으로 취업이 가능한 기업에 집중되어 있는 듯하다. 하지만 자세히 따지고 보면 이 같은 기준을 유지하기 위해서는 기술력과 안정적인 경영, 그리고 자금이 없이는 불가능한 조건임을 알 수 있다. 즉 기술력을 기반으로 안정적인 경영을 할 수 있는 요건을 갖춘 중소기업의 기준이 바로 강소기업이라는 의미로 해석된다.

또 다른 견해는 2008년 독일의 강소기업을 조명한 『히든 챔피언: 세계 시장을 제패한 숨은 1등 기업의 비밀Hidden Champions des 21. Jahrhunderts』이 출간되면서 기업은 물론 정부에서도 이 책에 대한 관심이 깊어졌다. 사실 이 책의 초판은 1997년 『숨은 강자들Hidden champions』이라는 제목으로 이미 번역 출판된 바 있었다. 그러나 당시는 우리 경제가 IMF 외환위기로 벼랑 끝에 서 있을 때라 많이 알려지지 않은 듯하다. 따라서 2008년 이후 강소기업이라는 우리만의 단어가 고유명사처럼 쓰인 것으로 보인다.

그렇다면 『히든 챔피언』이라는 책에서 나오는 개념을 한번 살펴보자. '히든 챔피언'이란 이른바 대중으로부터 대단히 주목받지는 않지만 감춰진, 혹은 숨겨진 강소기업이라는 의미이다. 책에서 정의한 히든 챔피언을 간단히 표현하면, 세계 시장 점유율이 1~3위면서 대중에게 잘 알려지지 않은 세계적인 경쟁력을 갖춘 기업을 말한다.

독일의 경영학자 헤르만 지몬Hermann Simon이 정의하고 기업을 선정하면서부터 히든 챔피언이라는 단어가 보통명사처럼 쓰이기 시작한 것 같다. 헤르만 지몬이 정리한 히든 챔피언 기업의 선정 기준은 크게 세 가지로 구분할 수 있다.

첫 번째는 세계 시장에서 1~3위를 차지하거나 대륙에서 1위를 차지하는 기업이다. 두 번째는 매출액이 40억 달러(약 5조억원) 이하인 기업이다. 그리고 세 번째는 대중에게 알려져 있지 않은 기업이다.

히든 챔피언의 가장 중요한 목표는 세계 시장에서 1등이 되고 이를 유지하는 것이다. 그들의 공통된 특성은 시장을 세분화해서 정의한 뒤 그 세분화된 시장에서 한 분야의 전문가가 되는 것이다.

히든 챔피언은 특히 세계화에 공을 들인다. 제작을 위한 아웃소싱은 하되, 연구 개발 등 핵심 역량은 직접 수행한다는 점이 특징이다. 아울러 고객을 진정성으로 대하며 친밀성이 높아 VIP 고객들이 많다. 따라서 고객들과 밀접한 관계를 구축해 안정적인 매출로 이어질 수 있도록 한다.

기업문화도 남다르다. 직원들이 회사와 일체감을 느끼고, 스스로 동기부여를 할 수 있는 분위기가 조성되어 있다. 더불어 근속 연수도 길다.

경영자의 마음가짐도 올바르다. 회사를 이끌어가는 리더로서 기본 가치를 중요하게 여기고 회사의 경영과 운명을 같이한다는 마음가짐을 가지고 있다. 전문경영인도 포함되는데, 경영자들은 대부분 장기간 재직하는 경우가 많다.

히든 챔피언은 독일 정부의 든든한 지원을 받고 있다. 독일 정부는 중견기업에 못지않은 제도를 만들어 이를 법제화함으로써 히든 챔피언들이 글로벌 시장을 누빌 수 있도록 적극 지원한다. 독일 정부는 그들이 히든 챔피언으로서 목표를 달성하고 그 목

표를 유지해나갈 수 있도록 금융은 물론 세제 혜택을 주는 방안
도 마련해두고 있다.

청년들의 사고가 바뀌어야 중소기업이 산다

우리나라에는 창업 제도가 다양하다. 심지어 구청에 가도 일
자리 창출을 위해 다양한 계층에게 창업 컨설팅을 해준다. 대학
을 졸업한 청년들에게도 창업을 권한다. 청년들에게 좋은 일자
리가 부족하고 청년들의 불안감이 팽배해진다는 언론 보도가
적지 않은 영향을 준 것이다.

그렇다면 '좋은' 일자리란 어떤 것일까? 곰곰이 생각해보면
내가 꿈꾸는 삶을 영위할 수 있도록 안정적으로 돈을 벌 수 있는
회사라는 답이 나온다.

중소기업의 신입사원과 대기업의 신입사원의 업무를 단적으
로 비교해보면 중소기업의 신입사원이 해야 할 일이 더 많은 것
은 사실이다. 만약 대기업에 다니는 신입사원이 열 가지 정도의
일을 한다면, 중소기업에 다니는 신입사원은 서른 가지 넘는 일
을 해야 할지도 모른다. 대기업의 신입사원이 쾌적한 사무실에

서 텀블러에 커피를 담아 회의실에서 회의를 할 때, 기술 기반 중소기업의 신입사원은 분진이 날리는 공장 안에서 마스크를 쓰고 바닥을 청소하고 있을지도 모른다.

대기업에서는 전문가로 성장할 수 있는 발판을 얻을 수 있을 것만 같다. 반대로 중소기업은 근무 환경도 열악한데, 심지어 언제 회사가 부도날지 모르는 위태로운 상황에 직면할 수도 있다. 당연히 불안감이 커지게 마련이다.

하지만 이것은 극단적인 비교일 뿐, 모든 중소기업이 그렇다는 말은 아니니 걱정하지 않아도 된다.

그런데 여기서부터 반전이다.

원하는 대기업에 입사를 한다고 해도 어느 정도 시간이 지나면 자신이 회사라는 커다란 조직 안에서 한 조각의 부품에 지나지 않는다는 사실을 느끼게 된다.

한 친구의 딸 얘기는 이를 잘 입증해준다. 친구의 딸아이는 자신이 바라던 대기업 마케팅부에 입사해 2년 동안 즐겁게 회사 생활을 했고, 내 친구는 주위에 딸 자랑을 하느라 입에 침이 마를 새가 없었다. 그런데 3년쯤 지난 어느 주말 아침, 내 친구의 자랑스러운 딸아이가 아빠와 엄마를 불러다 앉혀놓고 선포를 했다고 한다.

"회사 그만 다닐래. 우리 부에 차장님은 몇 년째 승진이 안 된 채 괴로운 얼굴을 하고 있는데, 그 얼굴 바라보면서 나도 저 꼴이 되겠구나 생각하니 회사 일이 재미가 없어졌어. 그리고 정확하게 무슨 일인지 설명해주지도 않고 그냥 하라고 하니까 했는데, 진짜 영문을 모르겠어. 더더군다나 똑같은 일이 계속 반복되니 회사 일이 지겨워⋯⋯."

친구의 딸은 비슷비슷한 일을 계속하면서 월급은 꼬박꼬박 받았지만, 회사와 집을 오가면서 영문도 모른 채 주어진 일만 하는 자신을 되돌아보게 된 것이다.

고위 공직자로 오랫동안 회계 업무를 해온 친구는 아이를 달래고 설득하느라 진땀을 뺐다고 한다. 일이란 무엇인가에 대해서 진정성 있게 고민해본 적이 없고, 대학도 부모가 좋아할 만한 학교를 선택한 딸이 회사를 다니면서 비로소 자신의 인생을 생각해보게 되었다는 것이다.

보수가 상대적으로 두둑한 대기업, 그리고 시스템이 잘 갖춰진 조직에서 안정적으로 자신의 삶을 꾸려나갈 수 있다고 생각했지만, 그 안정적인 조직이 자신의 삶에 도움이 되지 않는다는 판단이 서면 요즘 청년들은 과감히 회사 문을 박차고 나온다.

반면에 중소기업에서 일을 배우게 되면 좌충우돌하는 일이 있을 수 있다. 때로는 사무실 문단속이라는 경비 업무마저도 솔선수범해야 할 일에 포함될 수 있다. 대기업을 다닌 청년이라면 이 같은 일은 자신의 업무가 아니라고 생각할 수도 있다.

심지어 공장이 있는 중소기업의 경우에는 공장 내부의 작업 현장이 소음과 분진 등으로 인해 자칫 3D 업종처럼 보일 수도 있다. 때로는 직원들의 휴식 공간이 남녀 구분해서 제대로 마련되어 있지 않을 수도 있다.

하지만 앞서 설명했듯이 우리나라의 중소기업들도 수출 품목을 개선하고 해외 시장을 공략하기 위해 다양한 제품을 개발하고 있다. 그 과정에서 해외 기업과의 협업은 물론 수출을 위해 글로벌 시장으로 무대를 넓혀가고 있는 실정이다.

중소기업에서 자신이 맡은 일을 해나가다보면 스스로의 꿈은 물론 대한민국의 미래에 자신의 역할이 분명히 있다는 사실을 깨닫게 될 수도 있다. 중소기업에서 쌓은 역량은 이후 창업을 할 경우에도 큰 도움이 될 수 있다. 자신이 중소기업 사장이 되면 이른바 '맨땅에 헤딩' 하는 심정으로 무엇이든 해야 할 때 좌절하지 않고 오뚝이처럼 일어날 수 있다는 뜻이다.

우리나라 국민 중 열에 아홉은 중소기업이 삶의 터전이다. 하지만 국가의 기반이 되는 경제력은 대기업에 편중되어 있다. 일자리가 거의 대부분 중소기업에서 만들어지지만, 근무 환경은 대기업에 비해 떨어질 수밖에 없다. 좋은 인재를 구하기 어려운 것도 사실이다. 대기업에서 미래를 보지 못한 청년들이 중소기업에서 일자리를 찾는 것은 아니기 때문이다.

중소기업은 함께 성장하는 직원을 키우기도 쉽지 않은 구조이다. 어느 정도 경력을 쌓고 나면 대기업으로의 이직을 준비하기 위해 회사 일을 소홀히 하는 경우도 적지 않다. 심지어 대기업으로 이직하기 어려워질까 봐 중소기업에는 아예 원서를 내볼 생각도 하지 않은 채 다시 취업 재수에 돌입하는 청년들도 많다.

대기업이든 중소기업이든 회사의 규모를 보고 선택하기보다 자신의 인생을 어떻게 키워나갈지, 그리고 삶의 목적이 무엇인지 등을 깊이 고민해봐야 할 것이다.

미국은 되는데 왜 우리는 안 될까

한마디로 우리나라 창업지원 정책은 바뀌어야 한다. 지금의 정책은 명목만 그럴듯할 뿐 자세히 들여다보면 실질적인 도움을 받기가 쉽지 않기 때문이다. 창업을 독려하는 미국의 사례를 하나 들여다보자.

2007년 11월 미국의 경영 월간지 『포천』에 '페이팔 마피아'라 는 기사가 실렸다. 페이팔은 1990년대 미국 클린턴 정부 당시 시작된 정보고속화 도로Information Superhighway 정책을 중심으로 불어닥친 인터넷을 기반으로 한 창업 열풍의 시대에 설립된 전 자상거래 과금 서비스를 개발했던 기업이다.

당시 페이팔에서 근무했던 사람들 중에는 오늘날 전기자동차 의 대명사가 된 테슬라를 만든 일론 머스크, 미디어의 혁신을 이 루어낸 유튜브를 만든 스티브 첸과 자와드 카림 등이 있었다. 그 밖에도 구글 등으로 옮긴 수많은 엔지니어들이 페이팔의 공동 창업자이자 엔지니어로 근무했던 사람들이었다.

페이팔은 실리콘밸리에 위치한 스타트업 중 하나로 2002년 이베이에 인수되면서 페이팔의 창업자 및 근무자들은 이른바 성공적인 엑시트exit를 하게 된다. 그들은 평생 쓰고도 남을 돈이 하루아침에 통장에 꽂히는 '성공한' 벤처 창업의 주인공들이었 다. 엑시트를 통해 평생 놀고먹으면서도 우아한 품격을 유지하 고 값비싼 제품을 언제든지 구입할 수 있는, 사치를 마음껏 누릴 수 있는 자본을 얻은 셈이다.

그들은 요즘 우리 청년들이 말하는 '파이어FIRE족' 중에서도 특급 파이어족이 아닐까? 파이어족은 경제적 자립financial independence과 조기 은퇴retire early를 합친 개념으로, 앞 글자를 따서 'FIRE'족이라고 부른다. 다시 말해 사회적 통념을 깨고 이른 나이에 경제적인 독립을 이루어낸 사람을 뜻한다.

하지만 페이팔이라는 회사를 창업하고 핵심적인 업무를 해온 데다 회사가 인수된 후 성공적으로 엑시트를 한 사람들은 다시 창업에 도전한다. 일론 머스크는 테슬라를 만들고, 스티브 첸과 자와드 카림은 유튜브를 만들었다. 산업의 변화를 이끌어가는 기업들이 그렇게 탄생한 것이다.

그들은 안정되고 깔끔한 사무실 대신 창업의 대명사라고 불리는 창고 혹은 허름한 차고garage를 창업의 공간으로 선택했다. 그 이유는 간단하다. 일단 아이디어로 머물러 있던 창업 아이템을 실제 현실에서 구현해낼 수 있는지 여러 가지 테스트와 검증 및 실험을 통해 알아보기 위해서였을 것이다. 따라서 근사한 사무 공간보다는 허름한 창고나 차고가 더 적절했을 터였다. 또 스타트업 기업의 로망인 성공적인 '엑시트'를 이루어냄으로써 평생 먹고살 돈을 벌기는 했지만, 그렇다고 그 돈이 창업 자금으로 충분하지 않을 수도 있을 것이다.

'스타트업의 성지'라고 불리는 미국의 실리콘밸리에서는 좋은 아이디어가 있다고 해도 대기업이 쉽게 빼앗아가지 못한다. 법적인 규제가 제대로 작동하기 때문이다.

그들의 아이디어가 구현되기까지 새로운 기술을 적극적으로 지원하고, 또 사업성이 있다고 판단될 경우에는 자금을 지원해주는 벤처캐피털 제도가 작동한다. 한편, 페이팔 인수 후 엑시트를 통해 일확천금을 거둔 사람들은 창업 아이템이 좋은 스타트업을 지원하기도 했다. 만약 페이팔에서 근무한 경험이 있다면 우선적으로 지원한 것이다.

『포천』에서 '페이팔 마피아'라는 제목으로 출간된 기사의 핵심은 페이팔에서 근무했던 사람들 중에서 아이디어가 좋은 사업 아이템이 있다면, 성공적으로 엑시트를 했던 사람들이 적극적으로 지원하거나 혹은 벤처캐피털과 연계해 창업자들이 사업에 몰두할 수 있도록 도와주었다는 내용이었다.

조직폭력배의 상징인 마피아를 이곳에 인용한 이유는 페이팔에서 함께 근무했던 경험 덕분에 그들은 호의적으로 창업자들을 격려하고 지원하면서 성공했을 때 다시 부를 함께 공유할 수 있기에 그들에게 자금과 경영 노하우를 지원했다는 의미가 담겨 있다.

실리콘밸리를 만든 명문 스탠퍼드대

실리콘밸리는 창업의 성지다. 그 중심에는 스탠퍼드라는 연구 중심의 명문 대학이 있다. 미국 캘리포니아주 팰로 앨토에 위치한 스탠퍼드 대학교의 역사를 거슬러 올라가보면 어떻게 실리콘밸리가 창업의 성지가 될 수 있었는지를 알 수 있다.

1885년 11월 11일 캘리포니아 주지사 출신의 릴런드 스탠퍼드가 6년여에 걸쳐 대학교를 설립했다. 목장을 경영해 큰돈을 벌었던 스탠퍼드는 등록금 전액 면제는 물론 학생들에게 용돈까지 쥐어주면서 신입생을 유치했다.

스탠퍼드가 공대 중심으로 창업을 독려한 것은 '실리콘밸리의 아버지'로 불리는 프레더릭 터먼 교수가 있었기에 가능했다. 제2차 세계대전이 끝난 뒤 터먼 교수가 "학교 근처에 일자리를 만들자"는 제안을 하면서 벤처 붐이 일기 시작했다.

이후 학교 옆에 인텔, 페어차일드 반도체를 비롯해 휼렛 패커드 등이 들어섰고, 이제는 전설이 된 애플의 창업자 스티브 잡스의 1970년대 사무실도 이곳 실리콘밸리에 있었다. 구글의 창업자 래리 페이지를 비롯해 졸업생들 중에는 실리콘밸리에서 창업해 성공한 기업가가 손으로 헤아릴 수 없을 만큼 많다.

이 같은 창업 독려 분위기는 단순히 구호에 그치지 않는 체계적인 지원책과 될 법한 사업은 끝까지 밀어주는 벤처캐피털 같은 믿을 만한 금융권의 서포트가 있었기에 가능했다.

창업에 성공하기는 '낙타가 바늘구멍 뚫기'만큼 어렵다는 것을 누구나 알고 있다. 이처럼 창업에 성공하기가 쉽지 않은데 우리나라는 왜, 어디에서든 창업을 독려하는 것일까?

좋은 일자리가 없다고 해서 청년들에게 무작정 창업을 독려해서는 안 된다고 생각한다. 창업 지원금을 수천만 원이나 지원하는 정부 사업도 적지 않은데, 이렇게 지원금을 받아 창업한다고 해서 성공을 거둔다는 보장은 없다. 특히 우리나라의 경우 창업률은 세계적인 수준에 이르지만 창업에 성공해서 세계적인 기업으로 성장한 곳은 눈을 씻고 봐도 찾기 어렵다.

아산나눔재단이 해외 선진 창업 생태계 특성을 분석해보니, 우리나라는 창업의 대중화는 실현해냈지만 내실화와 고도화는 취약한 것으로 나타났다. 정부 창업 지원 예산의 78퍼센트가 예비 창업자 혹은 초기 창업 단계에 집중해 있다는 분석이다.

특히 진입장벽이 낮은 소프트웨어 기반 사업이나 아이디어 중심의 가벼운 창업이 증가해 지속가능성이 떨어질 뿐 아니라, 생존 위협을 받고 있어 성장의 가능성 또한 낮다는 것이다. 게다가 정부 부처별로, 지자체별로 지원 사업이 유사한 것이 많아서 창업 지원에 오히려 혼란이 가중되고 있다고 분석했다.

또 다른 원인으로는 아직 우리나라에서는 창업을 한 뒤 안정적으로 사업을 이루어나가기까지 체계적으로 지원해주는 제도나 장치가 뒷받침되고 있지 않기 때문이다.

우리나라가 항상 벤치마킹 대상으로 여기는 미국은 어떨까? 연방정부와 주정부는 물론, 각 지역별로 창업 지원 기관 혹은 대학과의 연계 지원이 활발한 것으로 분석되었다. 가장 중요한 교육 프로그램이 체계화되어 있으며, 창업 인프라나 커뮤니티에 대한 접근이 용이하다고 했다. 또한 미국은 투자시장이 성장 단계별로 잘 이루어져 투자 연계나 효율성이 높았으며, 실리콘밸리 외 뉴욕, 보스턴, 시애틀 등 글로벌 창업 허브를 다수 보유하는 등 지역 특성을 살려 창업 허브를 구축하고 있다고 파악되었다. 이 외에도 보고서에 따르면 미국이 부처별로 명확한 기술혁신 목표를 설정해 효과적이고 자율적으로 운영하고 있다고 평가했다.*

우리나라의 전체 기업 비율을 보면 중소기업의 비율이 미국

---

* 한국의 창업생태계 경쟁력 제고 위한 국제비교 연구, 아산나눔재단, 2021.

보다 높다. 미국의 전체 기업 중에서 대기업이 차지하는 비율은 30퍼센트 정도를 차지하는 반면, 우리나라는 1퍼센트에 불과하다. 물론 기업의 규모를 구분하는 기준에 차이가 있을 수 있지만, 분명한 것은 중소기업의 비율은 우리나라가 미국보다 월등히 높다는 것이다.

중소기업 중에서는 이른바 자영업자로 불리는 소상공인의 비율이 적지 않다. 중소벤처기업부와 통계청의 조사에 따르면 2021년 우리나라 소상공인의 숫자는 410만 1,700으로 전체 중소기업 중 절반 이상을 차지할 정도이다.

'소상공인' 하면 가장 먼저 떠오르는 직종은 프랜차이즈일 것이다. 회사에서 퇴직한 후 치킨집을 운영하는 경우가 70퍼센트를 넘는다는 내용도 뉴스로 보도된 적이 있다.

소상공인의 문제점은 기술력을 갖추기가 어렵다는 것이다. 다시 말해 기술력을 기반으로 한 강소기업, 즉 히든 챔피언이 많아야 하는데, 실제적으로는 먹고살기 위한 밥벌이의 고단함을 외치며 하루하루 버텨나가는 소상공인들이 전체 기업에서 높은 비율을 차지하고 있기 때문에 우리나라의 미래가 밝다고 말하기 어렵다.

기술력을 가진 기업들을 키우기 위해서는 정부의 지원은 물

론 민간기업의 컨설팅과 자문이 신뢰를 바탕으로 진정성 있게
이루어져야만 할 것이다.

우리가 특허를 내지 않은 이유

위너테크놀로지가 수출 300만 달러라는 성과를 얻기까지 창
업 이후 20년이 넘게 걸렸다. 그동안 우리도 수많은 시행착오를
거쳤다.

나는 마흔이 다 된 나이에 창업해 오직 한 가지, '기술의 국산
화'라는 명분을 붙들고 어려울 때마다 그 비전을 되새기며 마음
을 다져왔다. 이러한 나를 믿고 함께 걸어온 직원들, 그리고 무
엇보다도 제품의 불량률을 낮추기 위해 공정을 개선하면서 얻
은 기술력이 오늘날의 위너테크놀로지를 만들었다고 해도 과언
이 아니다.

"한 대표는 좋은 기술력을 갖고도 왜 특허가 별로 없어?"

"회사 기업 연구소에 관련된 정부의 지원을 받으려면 특허가
있어야 유리한 거 아니야?"

요즘 주변에서 이런 질문을 자주 받곤 한다. 물론 일리가 있는

말이다. 하지만 반대로 특허를 내야만 성공한 기업이라는 말은 틀린 말이기도 하다.

위너테크놀로지의 주요 제품은 공정 과정에 노하우가 숨어 있다. 만약 그 공정 과정으로 특허를 등록한다면, 자칫 경쟁업체에 우리의 핵심적인 영업 비밀을 알려주는 격이 될 수 있다. 물론 특허를 얼마나 등록했는지가 회사의 기술력을 보여주는 중요한 지표가 되는 회사도 있을 것이다. 하지만 자신의 회사가 가진 노하우를 특허로 등록했을 때 혹시라도 기술 유출이 발생하지는 않을지 꼼꼼하게 따져봐야 한다.

우리 회사의 경우, 오래 함께 가지 못할 직원들은 중요한 공정 과정에 투입하지 않는다. 그들이 중요한 공정 과정을 알고 나서 중국의 경쟁업체로 이직한다면 위너테크놀로지는 큰 위기를 맞게 될 것이다. 물론 공정 과정을 안다고 해서 하루아침에 제품을 복제해내지는 못하겠지만, 중요한 기술이 유출되는 것은 분명한 사실이다.

위너테크놀로지에서 철저한 직원 관리가 가능한 것은 창업 때부터 함께하면서 이곳에서 청춘을 보낸 임직원들의 든든한 신뢰가 있기 때문이다. 그 신뢰가 지금의 위너테크놀로지를 만들었고, 대표로 하여금 코칭 비즈니스에 한눈을 팔고 책을 집필

할 수 있는 삶의 여유를 제공해주었다. 이렇게 무한한 신뢰를 보
내주는 우리 임직원들이 한없이 고맙고 귀하게 느껴진다.

Challenging
Action

4장

새로운 도전을 준비하라

인생 3막으로 내가 선택한 것은 코칭의 기법을 도입해
나를 필요로 하는 미래 세대를 돕는 일이다.
그들이 자긍심을 갖고 자신의 삶을 굳건하게 살아갈 수 있도록
지원하고 격려하는 것이다.

나의 도전은 아직 진행 중이다

청년들이여, 때로는 발로 뛰는 것도 중요하다

2018년 한국강소기업협회가 선정한 대한민국 강소기업 혁신
제품 부문 대상에 우리 위너테크놀로지가 선정되는 기쁨을 누
리게 되었다. 이미 2000년대 초에 장관, 국무총리, 대통령 표창
까지 받은 바 있고, 언론에 강소기업으로 인터뷰 기사까지 나온
적도 있었지만, 강소기업으로서의 수상은 남다른 의미가 있었
다. 평소 강소기업이 많아야 대한민국이 부자가 된다는 지론을
가지고 있던 터라, 그러한 강소기업 중 하나가 되었다는 사실에
그동안 이루어온 위너테크놀로지의 성과가 가시화되는 것 같아
서 자부심을 느꼈다.

현재 우리는 세계 치의학계에서 내로라할 만한 유럽 기업과의 거래가 굳건한 신뢰에 힘입어 자리를 잡으면서 안정적인 매출 성장세를 이어나가고 있다. 회사가 안정세로 접어들자 대표인 내가 굳이 회사에 자주 나가지 않아도 경영에는 문제 없이 운영이 되고 있다.

평소 내가 사람들과 어울리는 것을 좋아한다는 건 주변 사람들도 잘 알고 있다. 바꾸어 말하면 사람들에게 관심이 많고 함께 협업하며 더불어 잘살아야 의미 있는 삶이라는 나만의 '철학'을 가지고 있다는 것이다.

2016년 창립총회를 열고 시작한 한국강소기업협회와 인연을 맺으면서 보직도 맡게 되었다. 한국강소기업협회는 국내외에서 사업을 영위하는 중소기업 혹은 중견기업 사업자 대표로 구성되어 있으며, 회원사 간 비즈니스 협업, 외부 대기업과의 상생협력을 통해 기업의 경쟁력을 향상시켜 강소기업으로 성장하고 발전할 수 있도록 지원하는 경제 단체이다.

협회 회원사들의 해외 진출을 지원하거나 도움을 줄 수 있는 일이 해외사업위원장의 역할이다. 강소기업협회의 임원으로 활동하면서 회원사들의 해외 진출을 지원하기 위해 회원들을 만나는 일이 잦아졌다. 자연스럽게 외부에서 새내기 창업자들을 만날 일도 많아졌다.

요즘 트렌드는 인터넷 혹은 SNS를 통해 비즈니스를 해야 앞선 사람처럼 보인다. 그러나 판매처와의 관계나 마진율 등은 발로 뛰지 않으면 한계가 올 때가 있다. 특히 제조업에 근간을 두었다면 더더욱 발로 뛰어야 한다. 인플루언서 등을 비롯해 인터넷에 지나치게 의존하며 사업하는 기업을 보면 성장성에서는 단기간에 효과가 나는 것처럼 보일 수도 있다. 하지만 기업 경영의 영속성과 이윤창출의 지속가능성 등을 꼼꼼하게 따져봐야 할 것이다.

태어나면서부터 인터넷으로 많은 일을 처리하는 것이 생활의 일부가 되어서일까? 밀레니얼 세대, 즉 20~30대들은 지나치게 인터넷에 의존하는 경향을 보인다. 그러다 보니 사업에서 가장 중요한 인간관계나 경영 마인드를 정립하기가 쉽지 않다.

발로 뛰어 확인하지 않으면 내 것이 되기 어렵다. 청년 시기에는 한 번 망해도 재기할 수 있다고 말하곤 한다. 물론 틀린 말은 아니다. 하지만 실패를 하더라도 그 과정에서 무엇을 배웠는가, 그리고 무엇을 남겼는가를 확인하는 것은 중요하다. 다시 그와 같은 실수를 저지르지 않기 위해서는 시행착오를 통해 다음에는 위기를 기회로 만들어야 하기 때문이다.

블루 오션을 찾아라

국내에서 남부럽지 않은 대우를 받던 대기업 책임연구원이 창업이라는 명분하에 남동공단 2단지의 조그만 창고에 둥지를 틀었다. 흔히 이야기하는 '처음은 미미하나 끝은 창대하리라'는 믿음으로 공장에 간이침대를 가져와 비가 새는 허름한 사무실 옆 구석방에서 숙식을 해결하며 5년을 버티는 동안 나라고 해서 왜 눈물 젖은 빵을 먹어보지 않았겠는가.

창업 초기에 RIST에서 함께 근무했던 연구소 기술원 반장이 친히 우리 공장을 찾아와서는 우스갯소리로 한 말에 충격을 받지 않을 수 없었다.

"난 박사님이 우리 연구소에 입사해서 함께 일하는 내내 정말 존경스러웠는데, 창업을 했다고 해서 한껏 기대를 하고 왔더니만. 이게 뭐야, 완전 쓰레기장 같잖아요!"

기계는 모두 경매에서 낙찰받아 저렴하게 산 중고 제품인 데다, 원료는 마치 석탄가루처럼 시커멓다보니 바닥은 늘 지저분했다. 게다가 비가 오면 물이 새는 허름한 공장이었으니 제대로 정비된 깔끔한 현장은 아니었다. 내 성격과는 전혀 딴판인 공장에서의 숙식 해결은 초짜 창업자의 고육지책인 셈이었다. 공장

한쪽에 침대를 놓고 먹고 자면서 제품 만들기에만 몰두하다보니 공장 관리는 꿈도 꾸지 못했던 것이다.

기술원 반장의 말에 얼굴이 화끈거리고 부끄러움을 느꼈다. 하지만 심장을 찌르는 그 한마디는 나의 오기를 건드렸다. 나는 이때 새 공장을 빨리 마련해야겠다는 다짐을 했다.

중소기업을 운영하는 사장들은 대부분 제품이 나오면 그것을 가지고 투자를 받으려고 한다. 그런데 투자 관련해서도 면밀히 살피지 않으면 투자자들에게 휘말려 회사가 통째로 넘어가기도 한다. 순진하게 제품만 개발하면 장밋빛 미래가 펼쳐질 것이라는 꿈은 일찌감치 접어야 한다.

그런데 열정 하나로 달려드는 청년 창업자들은 비전이 제대로 정립되어 있지 않은 것 같아 보기에 너무나 안타까웠다. 그들을 도와주는 체계적인 지원이 없다면 수박 겉 핥기식 창업이 되돌이표처럼 반복될 수밖에 없다는 생각도 들었다.

잠시 눈을 감고 나의 창업 초기 시절을 생각해보았다.

'나는 왜 초고온 발열체를 국산화하려고 했던 것일까?'

당시에 나는 이런 질문을 스스로에게 던지곤 했었다.

'소재 부품 강국인 일본이나 독일에서는 왜 안 하는 것일까?'

제품 개발을 했을 때조차도 그 이유를 정확히 알지는 못했다.

하지만 대량생산에 들어가면서 곧 알게 되었다. 제품의 불량률이 지나치게 높아 수익성이 떨어질 뿐 아니라 제조 비용도 높아 시장을 키우기가 쉽지 않았기 때문이다.

'그런데 그런 약점이 강점이 될 수는 없을까?'

약점이 강점이 된다면 그 부분은 이른바 블루오션이 될 수 있다. 그러나 이미 사업이 진행되고 있었으므로 나는 불량률을 줄이는 데 집중할 수밖에 없었다.

경쟁자가 없어 성장 가능성을 높일 수 있는 새로운 시장을 블루 오션blue ocean이라고 하고, 경쟁이 지나치게 치열해 성장 가능성이 낮은 기존 시장을 레드 오션red ocean이라고 한다. 레드 오션은 경쟁률이 너무 치열해 마진율이 낮을 수밖에 없다. 반대로 블루 오션은 경쟁자가 없으니 부르는 대로 값을 매길 수 있는 장점이 있다.

창업 초기에는 치의학 분야에 대한 응용을 생각하지도 못했다. 오로지 전자부품 소결용 전기로 또는 유리 용해용 가마 정도의 시장성만 보고 뛰어들었다. 그런데 바이오 분야 응용이 가능하다는 사실을 알고 도전해본 결과, 1,900도에 이르는 세라믹 초고온 발열체를 만들어낼 수 있게 된 것이다. 창업 초기에는 전혀 생각지도 못한 부분이었는데, 한 가지 기술을 어느 정도 수준에 올리고 나니 새로운 시장에 도전할 수 있는 자신감을 가지게 된 것이었다.

숱한 시행착오와 금융권의 대출로 근근이 버티면서 이루어낸 기술이 시대적 트렌드와 맞물리면서 치의학이라는 새로운 시장에 도전장을 내밀 수 있게 되었다.

"우리는 스웨덴 제품만 쓴다"고 하면서 우리 제품은 본체만체하며 쌀쌀맞게 대응했던 유럽과 일본의 기업들은 이제 위너테크놀로지의 최고 고객이 되었고, 우리는 신의와 신뢰로 고객을 응대한 결과 매출 300만 달러라는 성과로 결실을 맺고 있다.

사실 수출 300만 달러는 중견기업 및 중소기업계에 명함을 내밀기엔 너무나 작은 규모이다. 그러나 이 300만 달러는 내가 창업하기 전 국내에서 수십 년간 전량 수입했던 발열체를 위너테크놀로지가 수출로 바꾼 의미 있는 숫자이다.

우리 회사의 제품을 믿고 구매하는 일본은 물론 유럽의 업체들은 덴탈 분야에서 세계적으로 손꼽히는 회사들이다. 그들의 주요 고객들이 전 세계에 퍼져 있는 치과의사와 인공 치아를 만드는 기공사들이다.

처음 오스트리아 업체로부터 계약을 하자는 연락을 받았을 때가 떠올랐다. 몇 번이고 퇴짜를 맞은 기억에 심장이 내려앉아 있을 때였다. 그러나 그 일은 이제 추억거리가 되었다.

지금은 매년 그 회사를 방문할 때마다 회사 입구에 걸려 있는 전광판에서 우리를 환영하는 메시지를 본다. 이게 사업가의 보람이 아닌가 싶다. 매년 보는 메시지이지만 볼 때마다 고생했던 옛 생각이 떠올라 눈시울이 뜨거워지곤 한다.

앞선 세대가 할 수 있는 일을 하라

의류 회사로 성공한 젊은 여성 최고경영자인 줄스 오스틴(앤 해서웨이 분)은 자신의 일에 자신감과 자부심이 대단한 사람이다. 회사일과 집안일 등 모든 면에서 완벽함을 추구하며 자신만만하던 그녀는 어느 날, 회사의 사회공헌사업CSR의 일환으로 65세 이상 노인을 대상으로 한 인턴 일자리 프로그램 사업을 하게 된다.

정년퇴직을 한 70세의 벤 휘태커(로버트 드니로 분)는 이 사업에 지원해 합격한 뒤 줄스의 개인 비서로 일을 하게 된다. 갓 서른을 넘긴 줄스는 나이가 많다는 이유로 자신의 인턴으로 일하는 벤이 마뜩지 않았다.

하지만 벤은 오랜 연륜으로 회사 내 젊은 직원들의 고민 상담을 도맡아했고, 얼마 지나지 않아 젊은 직원들의 멘토 역할을 하게 되었다.

어느 날 가정 문제로 위기를 겪게 된 줄스는 벤에게 자신의 개인사를 털어놓게 된다. 완벽주의자였던 그녀는 평소 같으면 자신의 빈틈을 다른 사람들에게 드러내지 않았겠지만, 어쩌다 보니 자연스럽게 벌어지게 된 일이었다. 당황스러운 마음을 감추지 못하자 벤이 그녀의 마음을 알아채고 격려하며 무한 지지를 보낸다.

그렇게 겸손하면서도 지혜로운 조력자 역할을 했던 벤은 줄스에게 한 줄기 빛이 되어주었다.

2015년 개봉한 영화 「인턴」의 줄거리이다. 로버트 드니로와 앤 해서웨이가 주연을 맡았던 이 작품에서, 나이 지긋한 벤 휘태커 역을 맡은 로버트 드니로는 말끔한 정장 차림으로 벤처기업을 운영하는 여성 CEO의 멘토가 되어준다.

무엇이든 완벽하게 일을 처리해야만 만족스러웠던 줄스가 가정사로 괴로워할 때 벤이 차분하면서도 안정적으로 그녀의 마음을 헤아려주는 장면은, 어른으로서 겪었던 경험은 절대 사라지지 않는다는 메시지를 전해주는 것 같다.

젊은 세대의 장점은 열정이다. 무엇이든 할 수 있을 것 같은 패기와 열정은 모험과 도전을 가능하게 한다. 하지만 늘 성공적이지는 않다. 특히 창업에 도전하는 모든 사업가에게는 어떤 형태로든 위기가 닥치게 마련이다. 상처가 나면 치료가 필요하고 치료를 한 뒤에는 새살이 돋듯이 위기를 겪으면서 사람들은 누구나 배우게 된다.

위기에 처한 창업 청년들을 지원하는 역할은 앞선 세대 사람들이 해야 한다. 청년들이 힘들어할 때 격려하고 위로하며 다시 일어설 수 있도록 지원하는 것은 경험이 많은 선배들의 몫이기 때문이다. 그렇다고 무작정 그들에게 다가서기는 쉽지 않다. 자칫 그들에게 다가가 설명을 하다가는 꼰대 소리를 듣기 십상이다.

세상에는 좋은 어른들이 많고 그들이 어려운 문제를 극복하는 데 도움이 될 수 있는 든든한 지원자라는 사실을 청년 세대에게 알려주고 싶다. 창업을 결정한 그 순간부터 지금까지 나는 늘 혼자였다. 문제가 발생할 때면 의논할 사람이 없어 홀로 고민하면서 스스로 결정을 내려야만 했다. 어느 정도 회사가 안정되면 누군가에게 소나무같이 든든한 버팀목이 되어주어야겠다고 생각했다.

'언젠가 나는 그 누군가의 멘토가 되어주리라.'

제3의 인생은 미래 세대를 위해 투자하라

미래 세대를 위해 무엇을 할 것인가

나는 이제 다음 세대, 그리고 스타트업 기업들을 위해 할 일을 생각하고 있다. 그동안 종종 해온 멘토, 컨설팅과 더불어 '코칭'이라는 새로운 소통 기법을 활용해보고 싶다. 이제는 무조건적으로 가르친다고 해서 효과를 얻을 수 있는 시대가 아니라는 것을 알고 있다.

사실 따지고 보면 우리나라 청년들은 이미 배울 만큼 배운 사람들이다. 우리나라는 대학 입학률이 70퍼센트를 넘을 만큼 고등교육 진학률이 높다. 초등학교 때부터 계산해보면 20년 가까운 세월 동안 배움에만 몰두해온 셈이다.

게다가 창업을 준비하거나 혹은 창업을 실현한 스타트업의 대표들은 대부분 고등교육을 받았거나 자신들의 전공 분야에 대해서 지식 또는 경험을 갖췄고, 나름대로 조사를 해서 남들보다 잘 안다고 판단한 사람들이다.

그런데 나이가 많다는 이유로 그들에게 나의 과거 경험을 빗대어 섣불리 가르치려들거나 혹은 "라떼는 말이야……"를 부르짖게 되면, 결국 '꼰대'라는 지적을 받기 쉽다. 그러므로 그들의 마음을 움직여 스스로 자존감을 세우고 자신감을 키울 수 있도록 이끌어야 한다.

"따뜻한 말 한마디가 사람의 마음을 움직인다"라는 말이 있다. 이것은 나의 창업 과정에서도 뼈저리게 느낀 격언 중 하나이다. 창업한 지 5년여가 지나고 제품이 나오면서 설비 확충 및 공장 이전 등 투자해야 할 일이 산더미같이 늘어나게 되었다. 하지만 줄곧 은행에서 대출을 받아온 상황이라 제도권 금융사에서는 더 이상 추가 대출을 할 수 없을 정도로 빚이 많아진 상태였다. 한순간 사채를 받아야 하는지를 놓고 고민했다. 지금 생각해보면 아찔하다.

극단적인 선택을 하는 사람들은 마지막으로 누군가에게 전화를 건다고 한다. 그런데 그때 전화를 받아준 사람이 있고, 그로부터 따뜻한 말을 전해 듣게 된다면 포기할 뻔했던 자신의 삶을 다시 선택하게 되는 경우가 적지 않다고 한다.

나도 마찬가지였다. '이대로 정말 못 살겠다', '더 이상 버틸 힘이 없다'며 고개를 푹 숙이고 좌절하며 '여기가 막다른 길인가?'라고 생각하는 순간, 스스로에게 물었다. 지금 생각하니 그것이 바로 셀프 코칭이었구나 싶다. 스스로에게 계속 질문을 던지며 궁극적으로 답을 찾아가는 과정 말이다.

"괜찮다."

"지금 잘 하고 있다."

나도 미래 세대에게 "괜찮다", "해봐라" 이런 말을 건네주고 싶다. 상대방이 진심 어린 표정으로 경청해준다면, 그리고 그것이 내 삶에서 우러나는 것이라면 분명 힘든 이들에게 도움이 되지 않을까?

그렇게 전문적인 방법을 이것저것 찾아보다가 '코칭'에 대해 알게 되었다.

'그래, 이건 바로 내가 해야 할 일이야'

코칭은 개인이나 조직의 성장과 발전을 돕는 인재 개발을 위한 기술적인 방법 중 하나로 전문적인 지도와 지원을 해주는 코치와 이를 습득하기 원하는 사람, 즉 코칭을 받는 사람이 파트너를 이루어 목표를 정하고 효과적으로 목표를 달성할 수 있도록 하는 프로세스를 말한다. 코칭을 통해 이루고 싶은 나의 궁극적인 목적은 인재 양성과 스스로 성장할 수 있도록 지원하는 데 있다.

이름에서 알 수 있듯이 코칭이라는 용어는 과거에는 주로 스포츠에서 사용해왔다. 스포츠에 코칭 기술을 도입한 사람은 1971년 하버드 대학교의 테니스부 주장이었던 티머시 갤웨이 Timothy Gallwey로, 그는 테니스를 잘 치는 데 알아야 하는 기술보다 테니스 치는 사람들의 내면에 잠재된 능력이 드러날 수 있도록 하는 데 집중했다. 그 결과 갤웨이는 사람들이 테니스를 쉽고 재미있게 배운다는 사실을 발견했다.

코칭이 기업의 경영에 도입된 시기는 1992년으로, 역사가 그리 오래되지는 않았다. 미국의 재무설계사 토머스 레너드 Thomas Leonard가 코칭 전문 훈련기관인 코치 대학 Coach U을 설립했으며,

1995년에는 국제코치연맹ICF: International Coaching Federation을 설립하기도 했다. 레너드가 코치 대학을 설립한 뒤 미국에서는 기업을 중심으로 코칭이 빠르게 확산되었다. 2003년에는 국제코치협회IAC: International Association Coaching가 결성되면서 세계적으로 널리 퍼져나가기 시작했다.

우리나라는 2003년 12월에 한국코치협회가 발족되었으며, 현재 노동부 산하 사단법인으로 사회 여러 분야에서 코칭 기법을 활용해 활동하고 있다.

코칭은 주로 개인이나 팀 단위로 활동하는데, 코칭을 받는 사람(클라이언트client)의 잠재력을 최대한 발휘하도록 돕는 데 초점이 맞춰져 있다. 내가 코칭에 매력을 느낀 이유이기도 하다. 단순히 기술이나 해법을 가르쳐주는 데 집중하는 것이 아니라 클라이언트가 원하는 바를 이루어나갈 수 있도록 목표를 함께 설정하고, 스스로 동기부여를 할 수 있도록 도와준다. 즉 코칭을 통해 자신도 모르고 있던 잠재력을 이끌어내게 된다.

코칭은 여기서 끝나지 않는다. 더 나아가 클라이언트가 코칭을 통해 어떻게 목표 달성을 하는지의 과정을 지켜봐주면서 단계별로 평가하고, 피드백을 주고받으면서 지속적으로 자신을 발견하며, 또 가능성을 스스로 이끌어낼 수 있도록 지원한다.

코칭은 기업의 경영을 위한 비즈니스 코칭만 있는 게 아니다. 리더나 창업자들이 조직의 성과를 향상시키고 비전을 실현해내기 위해서 코칭을 받기도 한다. 또 인생 코칭의 경우 클라이언트가 인생의 목표가 무엇인지를 찾아내 이를 달성해가면서 스스로 행복해질 수 있도록 지원하기도 한다.

코칭은 내가 무엇을 좋아하고 또 무엇을 싫어하는지를 알아낼 수 있도록 도와줄 뿐 아니라, 그 과정을 통해 어떻게 하면 내가 원하는 바, 즉 목표를 실현해낼 수 있는지를 스스로 알아내도록 지원해준다. 또한 그 과정에서 자아를 발견하고 이를 받아들일 수 있도록 도와준다. 코칭은 든든한 지원자이자 동반자로서 클라이언트가 성장하는 과정을 함께한다.

컨설팅을 하다보니 나의 전공 분야 혹은 관련 분야가 아닌 경우에는 상대방에게 도움을 주는 것이 쉽지 않았다. 그러나 공부하는 중에 코치는 해당 분야 전문가가 아니어도 된다는 것을 알게 되었다. 클라이언트는 스스로 해결책을 찾도록 경청하고 질문하는 데 집중하니, 듣고 질문하는 코치의 역할이 더 중요하다.

코칭은 클라이언트의 목표 달성과 성장을 돕기 위해 여러 가지 기술을 활용하며, 주로 클라이언트의 내적 성장과 자기 발견을 돕는 데 집중한다.

한동안 공부를 하면서 코칭에 대한 기본적인 지식을 파악하고 나니 '이건 내가 할 수 있는 일이다'라는 생각이 들었다.

2021년 코칭 전문 학원을 찾아보고 바로 등록을 했다. 학원비가 만만치 않았다. 하지만 결정을 내리면 뚜벅뚜벅 걸어가는 나의 성향에 따라 그대로 행동으로 옮겼다.

적성대로 길을 찾아가니 이 또한 즐겁지 아니한가

코칭 공부를 시작하기 전 거쳐야 하는 과정이 있다. 클라이언트를 코칭하기 위해서는 먼저 내가 어떤 사람인지를 알아야 한다. 요즘은 중등학교 때부터 각자의 성향이 어떤지를 알아보는 진로 적성검사를 한다. 어릴 때 자신이 어떤 사람인지 조금이나마 알 수 있다니 참으로 다행스러우면서도 재미있게 느껴진다.

코치가 되기 위한 심리 측정 및 내재 성향 분석 기법에는 여러 가지가 있지만, 가장 신뢰받는 기법 중 하나는 석세스 파인더Success Finder이다. 캐나다의 심리학 전문가들이 50여 년간 연구를 통해 집대성한 리더십 진단 프로그램으로, 80가지 이상의 내재적 성향을 분석해 리더십의 역량과 어떤 업무가 적합한지를 알아보는 일종의 심리검사 기법이다.

결과는 내가 짐작하고 있던 바대로였다. 나의 성향이 코치가 되기에 적합하다는 결과가 나왔다. 나의 성향을 진단한 내용의 핵심만 뽑아내면 나는 이런 사람이다.

첫째는 사회적인 연결망을 구축하는 데 익숙하며 친절하고 외향적인 성향이다. 그래서 사람들과 쉽게 친해지고, 상대방을 편안하게 해주는 성향을 가지고 있다. 특히 사람들과의 관계를 매우 중요하게 생각하는 성향으로 동료애가 깊고 사교성이 좋은 사람에 속한다.

둘째는 다른 사람을 생각하는, 즉 이타적인 성향의 사람으로 사회적인 활동을 통해 세상을 더 좋은 곳으로 만들고 싶어 하는 성향이 있다. 이 같은 사람은 공동체를 중요하게 여기고 봉사정신이 강하다. 주변에 혹시 도울 수 있는 일이 없는지를 살피는 성향이며, 나보다 남에게 필요한 것이 무엇인지를 먼저 알아보는 데 집중한다. 그래서 나의 이익보다는 사회적인 발전을 더 우선적으로 고려하는 성향이다.

더불어 스트레스 관리 능력이 뛰어나며, 어려움을 겪는 순간에도 자신이 세운 원칙을 고수하며 굳건하게 헤쳐나가는 성향도 주목할 정도라는 평가를 받았다. 한편, 나의 성공을 위해 헌신하거나 정치적인 영향력을 활용해 남을 이기려고 애쓰는 것은 좋아하지 않는 성향으로 나타났다.

석세스 파인더 검사를 통해 나온 나의 내재적 성향을 근거로 코칭 전문가들은 나에게 코칭이 잘 어울리는 일이라고 격려해주었다. '그럴 것이다'라는 어림짐작이 검사 결과로 증명된 것 같아서 기분이 좋았다. 나의 내재적인 성향을 확실하게 알 수 있는 계기가 되었고, 더불어 미래 세대를 위해 할 수 있는 일에 대한 방향을 잡았다는 점에 나는 하늘로 붕 떠오르는 기분이었다.

나는 비록 재계에 떵떵거리며 명함을 내밀 정도로 외형적으로 큰 회사를 만든 건 아니지만, 안정적인 수출을 통해 세계 최고의 기업들과 어깨를 나란히 하며 비즈니스를 하고 있다. 이것만으로도 세계적인 기술을 가진 강소기업이라고 자부한다.

인생 3막으로 내가 선택한 것은 코칭의 기법을 도입해 나를 필요로 하는 미래 세대를 돕는 일이다. 그들이 자긍심을 갖고 자신의 삶을 굳건하게 살아갈 수 있도록 지원하고 격려하는 것이다. 그 일을 하는 데 코칭은 더할 나위 없는 경영 기법이자 소통 기술이라고 생각한다.

욕심은 내려놓고 욕망을 키워라

뜻이 있는 곳에 길은 있다

코칭 공부를 시작하면서 많은 사람들을 만났다. 코치가 되고자 하는 목적이 돈벌이보다는 그동안 자신이 받았던 많은 지원과 도움을 이제는 되돌려주고 싶어서 시작했다는 사람들이 많았다. 그들과 힘을 합치면 내가 가고자 하는 방향이 틀리지 않겠다는 믿음이 생겼다. 다음 단계는 경험을 쌓으면서 중소기업에 코칭을 전파하며 돕는 것이라고 생각한다.

본격적으로 코치가 되기 위한 공부를 하려니 시간 안배가 문제였다. 대내외적으로 맡은 직책도 있는 데다 벌여놓은 다른 일들도 많아서 절대적인 시간이 부족했다. 하지만 이것은 내 미래

뿐만 아니라 미래 세대를 위한 일이었다. 어떻게든 시간을 투자하고 자격증을 따야 했다. 6개월 단위로 적지 않은 비용도 지불해야 하지만, 코칭 자격증을 취득한 후 내가 할 수 있는 일이 더 많아질 것이라는 기대감에 가슴이 벅찼다. 격주마다 주말이면 어김없이 책상머리를 붙들고 하루를 보냈다. 게다가 오랜만에 강의도 들어야 했다.

공부를 하면서 기업들의 코칭에 대한 시장조사도 자연스럽게 하게 되었다. 최근 대기업에서는 임직원들을 위한 코칭을 수시로 하기 위해 내부에 별도 조직을 만들어 직원들의 역량 강화에 집중하고 있다고 한다. 이미 대기업을 대상으로 한 코칭 시장은 인하우스로 돌아선 것이다.

원래 나의 취지는 중소기업, 특히 강소기업의 임직원들이 코칭을 통해 자존감을 높이고 자신감을 키워 세계무대에 도전하게 하는 데 있었다. 그런데 중소기업은 여유가 없다는 게 문제였다. 비용적인 문제는 물론 빠듯한 인력으로 코칭과 같은 교육을 받기가 쉽지 않다. 게다가 경영 상태가 나쁘거나 매출이 줄어드는 상황이 벌어질 수도 있으니, 중소기업의 경우 코칭 같은 임직원 교육은 '그림의 떡'일 뿐이었다.

하지만 오히려 그렇기 때문에 중소기업에서 임직원을 위한 코칭은 우리나라의 중소기업을 강소기업으로 키우는 데 없어서는 안 될 핵심 교육이라고 생각한다. 단순히 맡은 일만 하는 기능인이 아니라 자신이 가지고 있는 장점을 발견하고 그 장점을 회사 일에 적용한다면, 기술적인 발전은 물론 세계적인 경쟁력을 갖출 수 있는 기반이 되는 것이다.

말로 하여금 스스로 물가로 가게 하라

우리 회사의 사례를 하나 소개하려고 한다. 내가 직원들의 자녀 학자금 지원에 이어 직원들의 석박사 과정 학자금을 지원하겠다고 선언한 데에는 중요한 계기가 있었다.

중소기업 직원들은 거의 대부분 스스로 자괴감을 느끼기 쉽다. 학창 시절 주목받을 정도로 공부를 잘하지도 못했고, 선생님의 눈길을 끌 정도로 특기를 가지지도 못했던 자신을 초라하게 생각하는 경향이 있기 때문이다. 특히 내세울 만한 학벌도 경력도 없다는 게 가장 큰 이유이다.

나는 창업 초기 당시 정부 지원 사업 공모에 참여하기 위해 발표를 할 때면 늘 혼자 가야만 했다. 정부 사업에 공모하려면 제안서를 써야 하는데, 교수와 연구원 등 학위를 가진 사람들을 연구진으로 내세워야 성공 확률이 높았다. 그런데 우리 직원들 중에는 공무원들이 좋아할 만한 학벌을 가진 사람이 없었다.

내가 너무나 아끼는 우리 직원들과 더불어 오랫동안 회사를 운영하려면 그들의 자존감과 자신감을 키워주어야 했다. 따라서 직원들의 학자금 지원은 그들을 위한 투자이기도 했지만, 한편으로는 나를 위한 투자이기도 했다. 직원들이 우리 회사의 얼굴이 되어야 내가 더 여유롭고 더 안정적이며 편해지겠다는 생각도 들었다.

회사 매출이 안정세로 접어들면서 나는 직원들의 교육에 더 신경을 쓰게 되었고, 직원들 또한 회사에서 공부를 시켜준다는 데 대해 적극 환영을 표했다. 그들은 꾸준하게 학력과 학벌을 쌓아갔다. 내 생각이 옳았다. 그들은 스스로 자존감을 세웠고, 그 자존감이 자신감으로 바뀌기 시작하면서 새로운 아이디어가 쏟아져 나오기 시작했다.

모쪼록 사람은 배워야 한다. 그런데 배우기까지는 동기부여가 필요하다. 동기부여는 스스로 해야 한다. 여기에 필요한 것이 바로 코칭이다.

"말馬을 물가로 끌고 갈 수는 있어도 물을 먹이지는 못한다"는 말은 바로 그런 경우를 두고 한 말일 것이다. 굳이 말을 물가에 끌고 가지 않아도 목이 마르면 스스로 물을 찾게 되니, 제 발로 물가로 가서 물을 맛보며 즐기도록 해주는 것이다. 그것이 바로 교육이고 코칭이다.

바람직한 논리는 상대방을 변화시킨다

아주 오랜만에 해보는 인문계 공부였다. 그러나 코칭 공부는 쉽지 않았다. 자격증 취득용 공부가 아니라 진정한 코치의 자질을 갖추기 위한 공부라 심리학, 경영학, 경제학, 인간관계 등 여러 가지를 복합적으로 융합된 관점으로 받아들여야 했다.

다른 분야도 공부해서 자격증을 여러 개 받고 지속적으로 다양한 경험을 하고 싶었다. 주말에도 수업이 계속되었고, 심지어 학원을 다니기도 했다. 어느 정도 코칭 관련 기본 지식을 습득한 후 곧바로 자격증을 따기 위한 공부에 박차를 가했다.

코치로 적합한 내재적 성향을 타고났다는 석세스 파인더의 결과 덕분일까? 2021년 12월 처음으로 국내 코치 자격증을 무난하게 취득했다. 가장 먼저 손에 쥔 자격증은 한국코치협회KAC:

Korea Associate Coach가 인증하는 KAC 자격증이다.

하지만 여기서 끝낼 생각은 없었다. KAC 자격증이 코치의 기본 자격증이라면, 전문가 자격증이 따로 있었다. 이듬해인 2022년 10월에는 한국코치협회가 인증하는 KPC Korea Professional Coach 자격증을 취득했다. 클라이언트의 내재적 성향을 분석하기 위해서는 석세스 파인더를 제대로 검증할 수 있는 능력도 필요했다. 올 3월에는 석세스 파인더 자격증 Success Finder Debriefer Certification도 받았다.

국제적인 기준에 걸맞은 코치가 되기 위해 국제코치연맹에서 인증하는 PCC Professional Certified Coach 자격을 위해 지금도 공부하고 있다.

내가 배운 코칭 이론은 회사 경영에도 이미 적용하고 있다. 직원들을 가르치기보다 그들의 이야기를 경청하고 그들이 세운 목표에 맞춰 바른길로 가도록 이끄는 질문들을 던져주는 것이다. 임원들이 제의할 때면 "나부터 설득해봐"라고 말한다.

'나를 먼저 설득해봐'라는 논리가 먹혀들었는지, 임원들은 나를 설득하기 위해 여러 방향으로 면밀히 조사하고 설명하기 위해 꼼꼼하게 준비한다. 임원들이 고심을 한 끝에 내린 결론이고 내가 설득되는 논리라면, 나는 곧바로 결제한다. 그리고 진행 과정에서 간섭하지 않는다. 임원들이 더 깊이 고민할 것이고, 그들이 알아서 하면 일이 잘 굴러갈 것이라고 믿기 때문이다.

임직원들은 의사결정권자인 나를 설득하기 위해 준비하고, 그 과정에서 그들은 배우고 깨닫게 된다. 철저하게 준비한 그들은 책임감까지 갖추게 된다. 그들이 준비하는 과정에서 배운 것은 그들 자신의 성장의 발판이 되고, 또 자존감과 자신감의 토양이 될 것이다.

청소년기에 캐나다에서 공부를 하던 아들에게도 마찬가지로 대응했다. 아들을 키울 당시에도 뭔가를 해달라고 떼를 쓸 때면 이렇게 말하곤 했다.

"나를 설득해봐. 아빠가 납득이 가면 뭐든 다 해줄게."

아들은 자신이 원하는 것을 얻기 위해 아버지를 설득하려고 온갖 정보를 다 모으고 생각을 정리한다. 그리고 결론을 내린 뒤 나에게 설명을 한다. 아무리 엉터리 논리라고 해도 스스로 이해하고 상대방을 설득할 수 있어야만 한다. 코칭이 기업 대표로서 직원들과 가족들, 그리고 주변과 소통하는 방법을 배우는 데 큰 의미가 있음을 한 번 더 강조하고 싶다.

코칭으로 중소기업의 미래 가치를 업up시키자

코칭은 이론보다 실기가 더 중요하다. 사람들을 만나 그들의 이야기를 듣고 적절하게 대응하면서 독려하고 그들의 동기부여를 이끌어내는 것이 무엇보다도 중요하기 때문이다.

코치가 된다고 해서 큰돈을 벌 수 있는 것은 아니다. 그런데도 많은 사람들이 코치가 되기 위한 코칭 수업에 적지 않은 비용을 지불하며 공부를 하고 있다.

친분이 있는 기업 대표들과 스타트업 청년 사장들을 만날 때면 가끔 코칭을 적용하곤 한다. 책임감이 강한 탓에 그들이 해외 진출을 하는 데 도움이 될 수 있다면 앞장서고 싶은 생각이 들어서, 그들이 물어보는 질문에 대해서는 코칭 기법을 적용해보기로 한 것이다.

그런데 의외로 청년 세대들도 외형 키우기에 집중하고 있다는 생각이 들었다. 수천 억대 매출 키우기, 번듯한 사무실 마련하기, 많은 직원들을 채용해 회사의 규모를 키우기 등에 몰두하고 있는 모습을 종종 목격했기 때문이다.

내실을 다지기 위해서는 현재 자신의 위치가 어디쯤인지, 어떻게 하면 순익을 올릴 수 있는지에 대해 고민해야 하는데, 외형 키우기에만 너무 골몰하고 있는 것 같아서 안타까웠다. 그렇다고 하루아침에 그들의 마음을 바꿔놓기는 어렵다. 사회적인 분위기가 변하지 않으면 그들은 불빛만 좇는 불나방처럼 자신의 생각에 매몰되어 바람직하지 않는 상태가 될 것이다.

나는 뜻을 같이하는 코치들과 연대해서 중소기업들이 쉽게 코칭을 받을 수 있는 모델을 만들어야겠다고 생각했다. 중소기업의 입장에서도 반기지 않을 수 없다. 직원들로 하여금 코칭에 참여하게 함으로써 자존감과 자신감을 가지고 동기부여를 하게 되면 제품의 품질이 향상될 것이고, 이는 기업의 경쟁력으로 연결될 것이기 때문이다. 윈윈 전략이 아닐 수 없다.

코칭을 받은 중소기업의 직원들은 기업의 미래 가치가 될 것이다. 비록 지금 당장 근사한 청사진을 그리지는 못하겠지만, 선한 꿈을 꾸며 많은 사람과 함께 간다는 진정성을 발휘한다면 분명 성과가 있으리라 믿고 있다.

그러한 성과를 함께 만들어내고 역량이 다할 때까지 나의 역할에 매진하면서 코칭 작업을 지속적으로 해볼 생각이다.

생각은 행동으로 옮길 때 빛이 난다

나는 자랑스러운 강소기업 대표이다

회사를 창업한 후 처음에는 힘들게 버텨가며 자리를 잡고, 그 다음 안정세로 돌아서면 매출을 순익으로 만드는 방법을 고민하게 된다. 사장이라면 누구나 하는 생각일 것이다. 그런데 회사를 위한 투자에 대한 고민이 아니라, 어떻게 하면 세금을 덜 내고 그 돈을 자신의 뒷주머니에 챙길 수 있는지에 대한 생각을 더 많이 한다. 게다가 회사 돈을 개인 재산 증식에 사용하는 사람들도 주위에서 심심치 않게 목격하게 된다.

'내가 어떻게 번 돈인데!'

'세금이 왜 이렇게 많아!'

이런 생각이 점점 부풀어 오른다. 때로는 자존심을 구겨가며 온갖 모욕감을 견뎌내면서 회사를 키웠는데, 매출이 늘어날수록 세금도 커지는 게 눈엣가시처럼 보이기도 한다.

벤처기업협회, 이노비즈협회, 그리고 강소기업협회 등등 여러 기업 관련 단체를 가보면 기업의 매출 규모가 얼마나 되는지에 따라 줄을 세우는 분위기다. 물론 같은 직종끼리 모이기도 하지만 '너 매출이 얼마야?'라는 눈짓을 보내며 서로 그룹을 만드는 모양새이다.

따지고 보면 기업에서 가장 중요한 것은 순익이다. 매출보다는 순익이 더 중요하다. 남는 장사를 하느냐 마느냐를 가늠하는 잣대가 바로 순익이기 때문이다.

하지만 순익이 얼마나 되느냐는 주식시장에 상장을 위해 IPOInitial Public Offering를 하지 않는 이상 회사의 경영 상태를 공개할 이유가 없다. 그러다 보니 상장사가 아닌 다음에야 알짜 회사인지 아닌지 판단하기 어렵다. 기업의 이익 단체인 협회 모임 등을 하면 매출 순위에 따라 회장과 부회장을 정하기도 한다.

아직도 내실보다는 겉치레가 중요하고, 그것이 우리 사회를 지배하고 있는 분위기임은 부정할 수 없다.

"한 대표, 매출이 얼마야?"

"예? 아! 얼마 안 됩니다."

"그래 가지고 되겠어? 매출 더 키워야겠네……."

어디든 대표들의 모임에서는 제일 먼저 묻는 질문이기도 하다. 하도 듣다보니 이제는 낯설지도 않다.

일단 매출이 작으면 자신보다 뒤에 서 있는 사람이라고 생각하는 경향이 없지 않다. 그럴 수도 있다. 우리나라 환경이 그러한데 누구를 탓하겠는가.

하지만 회사가 작다고, 매출이 작다고 해서 사람의 그릇까지 작은 것은 아니다. 직원 수가 많지 않고 매출 규모도 작지만 그보다 더 중요한 것은 사업의 지속성이 아닌가. 사업의 지속성을 늘 강조해왔고, 그렇기 때문에 확률이 낮은 유니콘 기업으로 성장한 것이라고 생각한다.

이 정도 되니 주변에서는 이제 규모를 키워야 하는 것 아니냐고들 하는데, 나는 한 번도 그런 것을 꿈꿔보지 않았다. 소재 부품의 국산화에 매달려 혼신을 다했고, 그 분야에서 우위를 다지기 위해 지금도 연구 개발에 매진하고 있다. 바로 이것이 작은 회사인 우리의 원천 에너지가 아닌가 싶다.

요즘 아이들은 또래 친구를 만나면 "너희 집 몇 평이니?", "아버지는 무슨 차를 타고 다니니?" 하고 묻는다고 한다. 아이들도 나름대로 우리 사회에 잘 적응하고 있는 셈이다. 다만 그 방향이 혼자만 잘살겠다는, 그래서 다른 사람들은 쳐다볼 필요도 없고, 내가 어디에 줄을 서야 하는지만 고민하는 그런 아이들로 키워질까 봐 걱정이다.

세계 10대 경제 대국인 대한민국은 글로벌 경쟁력을 키워야 하는데, 우리나라 경제 구조는 겉으로는 중소기업 중심으로 편성되어 있으면서 대기업의 이익에만 집중되니 분명 심각한 문제가 아닐 수 없다. 사실 매출 키우기에 집중하다보면 회사 경영이 자칫 부실해질 수도 있다. 그런데 너도 나도 매출 늘리기에 집중하는 모양새가 위태롭게 느껴지기도 한다. 궁극적으로 잘살기 위해서는 순익이 늘어나야 하는데 말이다.

강소기업은 그 분야에서 최고가 되어야 한다. 겉치레 중심으로 섣불리 판단하는 우리의 사회적인 분위기를 기준으로 본다면 나는 아주 작은 기업의 대표이다. 하지만 국내 매출보다는 해외 수출에 전념해온 건실한 작은 기업을 내 두 손으로 만들고, 또 믿음직스러운 직원들과 함께 키워냈다.

그러다 보니 내가 사심을 가지고 재무제표를 함부로 뜯어 고칠 수가 없다. 그럴 생각도 없다. 그렇게까지 잔머리를 굴려가며 애써 절세를 해야 할 이유도 아직 찾지 못했다.

탈세나 절세에 크게 신경 쓰지 않는다는 말은 내가 대단히 청렴결백해서라는 의미가 아니다. 군이 절세 혹은 탈세를 생각하지 않는 이유를 찾는다면 한 가지 떠오르는 것이 있기는 하다. 오랫동안 강직한 공무원으로 성실하게 일했던 아버지의 성향을 물려받아서일거라는. 그래서일까. 어릴 때부터 나름의 윤리적인 기준이 있었고, 그 기준에 맞춰서 판단하며 살고 있다고 자부한다. 괜히 절세니 탈세니 해서 생긴 돈을 처리하느라 신경 쓰기 싫다는 게 가장 큰 이유이기도 하다.

주식회사이자 법인인 만큼 나도 회사에서 월급을 받는다. 원천세를 뗀 나머지가 내 통장으로 들어온다. 물론 월급이 다른 임직원에 비해 많으니 원천세도 많을 수밖에 없다. 가끔은 원천세가 아깝다는 생각이 들기도 한다. 회사의 경영에 들어가는 비용도 마찬가지이다. 세금이 아깝다는 생각을 단 한 번도 해보지 않았다면 그건 거짓말일 것이다.

그렇다고 해서 애써 절세를 해야겠다고 생각해본 적도 없다. 번 만큼 내는 게 세금의 정의이자 기준이다. 그리고 그 세금은 대한민국이 돌아가는 데 필요한 공적인 자금으로 거둬들이고 또 쓰이게 된다. '내가 많이 벌었으니 세금을 많이 내는구나'라고 편안하게 생각할 뿐이다.

우리나라 대기업은 이제 정치권에 입김을 넣을 수 있을 만큼 비대해졌다. 중견기업 및 중소기업도 국민의 일자리를 책임지고 있어, 정치권의 관심이 쏠릴 수밖에 없다. 매출 중심으로 기업을 평가하는 것이 자연스럽다. 만약 기업에 부실이 생겨 적자를 내고, 또 그 적자가 커지면 정부에서는 기업의 도산을 막기 위해 지원해주는 정책이 마련되어 있다. 그런데 따지고 보면 그 정책을 펼치기 위해 필요한 자금을 전부 우리 세금에서 충당하고 있다. 결국 국민들이 낸 세금으로 기업을 지원하고 있는 셈이다.

제3의 인생으로 새롭게 시작하다

1997년 '세라믹 초고온 발열체 국산화'라는 화두 하나에 꽂혀 잘 다니던 고액 연봉의 연구소를 뒤로하고 허름한 인천의 남동공단 한구석에서 창업을 했고, 힘들고 괴롭고 때로는 막다른 길에서 하지 말아야 할 생각을 떠올렸던 아찔한 기억도 있지만, 이제는 회사가 안정권에 접어들면서 국내외에서 인정받는 기업이 되었다.

그러는 사이에 시간이 흘러 어느덧 예순이 넘어 뒤를 돌아보는 앞선 세대가 되었다. 그리고 뒤를 돌아보니 우리나라를 이끌어갈 청년들, 특히 창업을 준비하거나 혹은 창업을 해서 이제 막 한 걸음씩 걸음마를 시작한 청년들을 발견하게 되었다. 나의 경험을 오늘을 살아가는 청년들에게 들려주고 알려주고 싶은 마음도 커졌다.

대한민국을 강하게 만드는 방법은 과연 무엇일까? 인간은 먹고살 것을 해결하기 위해 직장 생활을 한다. 그렇다면 그 직장이란 것은 무엇일까? 우리나라의 직장은 99퍼센트 이상이 중소기업이고, 대기업에 비해 근무 환경이나 복리후생이 뒤처진 곳이 거의 대부분이다.

사실 학창 시절 학교에서 배우는 지식이나 경험보다 직장을 다니면서 얻는 것이 훨씬 더 많다. 직장 생활을 하면서 그 분야의 전문가가 되어야만 이른바 자아실현이라는 것도 할 수 있다.

깨끗하고 안전한 근무 환경과 안정적이고 든든한 복리후생을 뒷받침해줄 수 있도록 매출과 순익을 거둘 수 있는 기업이 더 많아진다면 우리나라는 지금보다 훨씬 부강해질 것이다. 이른바 강소기업이 많아져야 우리나라가 부자 나라가 될 수 있다고 감히 단언한다.

그러기 위해서는 무엇보다 내실 있는 강소기업을 키우기 위한 사회적인 분위기의 조성이 절실하다.

　기업을 경영하는 사람으로서, 나는 중소기업과 창업하는 청년들을 위해 내가 할 수 있는 일을 오랫동안 고민해왔다. 이제 제3의 인생을 창업하면서 나와 같은 생각을 가진 기업가가 많아지기를 바라며, 더 큰 대한민국을 만들어나가는 데 힘을 보태고 싶다.

모두가 잘사는 나라를 꿈꾸며

2023년 여름 무더위가 한창이던 어느 날, 서울시 동작구에 위치한 현충원 내 호국지장사에 들렀다. 호국지장사는 나라를 위해 목숨을 바친 호국영령들의 극락왕생을 기도하는 호국도량이다. 영험한 기도처라는 입소문에 이끌려 찾은 절에서 나는 번잡한 서울의 도심이라는 사실을 잊어버릴 만큼 고즈넉한 분위기에 마음마저 편안해졌다.

법당에 들어선 나는 가족의 평안과 무탈함을 기원하며 기도했다. 한참 동안 법당에 앉아 있노라니, 내가 가고자 하는 인생 3막이 자연스럽게 떠올랐다.

창업한 이후 나는 처음부터 큰돈을 벌고 싶은 욕심이 없었다. 지금의 위너테크놀로지를 이끌어온 원동력은 나의 전공 분야였던 소재 부품 기술, 그중에서도 세라믹 분야의 기술 국산화였다. 한 가지 목표만 보고 달려온 지난날을 생각하니, 아쉬운 점은 있으나 후회하지는 않는다. 무모한 도전이었으나 매 순간 치열하게 살아왔기 때문이다.

어려울 때마다 누군가에게 의지하고 싶었지만 의지할 만한 사람은 나 자신밖에 없었다. 중요한 결정을 해야 할 일이 있을 때마다 나는 혼자 심사숙고했고, 내 선택에 대해 '내가 내린 결정이 과연 올바른 것인가?' 하고 항상 의심해야 했다. 그런 식으로 나 한동빈은 나만의 새로운 길을 만들며 수십 년을 걸어온 것이다.

사람들과 어울리기를 좋아하는 성격 덕분에 내 주위에는 늘 사람들이 많다. 강소기업협회 보직을 맡은 뒤로는 자연스럽게 젊은 창업자들 및 중소기업 대표들과 만날 기회가 자주 있었다. 그들은 모두 해외 진출에 관심이 많았고, 어떤 식으로 이루어지는지 프로세스에 대해 궁금해했다. 먼저 그 길을 걸어온 선배로서 나는 그들에게 내가 가진 노하우를 전해주었고, 나의 조언에 귀 기울이는 창업자들도 하나둘씩 늘어나게 되었다.

그들과의 인연은 나를 코칭이라는 세계로 이끌었고, 자연스러운 수순으로 그 새로운 분야에 도전해 코치가 되었다. 코치는 같은 업종에 종사하지 않아도 되며, 다만 코칭을 받는 사람들이 가지고 있는 역량을 최대한 이끌어낼 수 있도록 그들의 조력자가 되어야 한다.

우리나라처럼 대기업 중심의 경제체제가 재편되기 위해서는 기술력을 가진 강소기업이 많이 나와야 한다는 게 나의 지론이다. 그런 점에서 독일의 미텔슈탄트Mittelstand(중소기업)를 주목하지 않을 수 없다. 히든 챔피언의 대부분이 바로 이 미텔슈탄트이기 때문이다. '모두가 잘사는 나라' 건설이 목표인 독일식 경제 모델은 우리에게도 시사하는 바가 크다.

독일에는 '구구팔팔'이라는 말이 있다. 독일 전체 기업의 99퍼센트가 중소기업이고 이들 기업이 88퍼센트의 일자리를 창출한다는 의미다. 대기업이 중소기업의 영역을 침범하지 않으면서 상생하는 경제 사회를 만들고, 그럼으로써 오늘날의 경제대국을 이룩한 것이라고 볼 수 있다. 우리나라도 중소기업이 99퍼센트인데 왜 이렇게 다른지 반성해볼 필요가 있다.

하지만 우리나라가 독일처럼 강소기업에 대한 지원을 다원화하고 일관성 있게 중소기업 경제 정책을 펴나간다면 세계적인 경쟁력을 가진 히든 챔피언이 많이 등장할 것이라고 믿는다. 그럼으로써 지속가능한 경제 성장도 기대할 수 있을 것이다.

하버드 대학교 성인발달 연구 팀이 행복의 조건을 찾기 위해 1938년부터 시작해 75년간 미국인 724명의 삶을 추적 조사했다. 2010년 발표한 연구 결과에 따르면 행복의 조건은 돈과 명예보다 사회적 관계와 좋은 인간관계가 우위를 점했다. 미래 세대를 위한 격려와 조언은 그들의 역량을 최대한 이끌어내면서 아울러 나 역시 삶의 만족도를 높일 수 있는 일거양득의 매력이 있다.

지금까지 앞만 보고 내달려온 우리 세대가 미래 세대를 아우르며 우리 사회에 선한 가치관을 공유하고 더 넓게 퍼뜨릴 수 있다면 우리나라는 더 발전할 것이고, 더 살기 좋은 나라가 될 것이다.

나의 역할은 이제 미래 세대를 격려하여 그들이 더 큰 역량을 발휘함으로써 치열한 글로벌 경쟁에서 어깨를 견줄 수 있도록 지원하는 것이다. 내 부족한 지식과 경험이 그들에게 조금이라도 도움이 되고 그들의 앞날을 위해 쓰일 수 있다면 그것만큼 보람된 일은 없을 것 같다.

별난 대표의 경영일지

초판 1쇄 발행 2023년 10월 6일

지은이 한동빈
펴낸이 조전회
펴낸곳 도서출판 새라의 숲
편집 주지현
디자인 박은진

출판등록 제2014-000039호(2014년 10월 7일)
팩스 031-624-5558
이메일 sarahforest@naver.com

ISBN 979-11-88054-34-3 03320